Sous le signe de Chronos

POMPEYO GRATACOS

Sous le signe de Chronos

« Les Quatre Saisons de Bart »

Copyright © 2019 Pompeyo Gratacos
Tous droits réservés.
Édition : BoD – Books on Demand
12/14 rond-point des Champs-Élysées, 75008 Paris
Impression : Books on Demand GmbH, Norderstedt, Allemagne
ISBN : 978-2-3221-0836-7
Dépôt légal : mai 2019

I

Bartolomeo « Bart » était assis sous la pergola recouverte par le bégonia, derrière la maison, face au jardin où prospèrent quantité d'arbres, tant fruitiers que d'agrément, qu'il avait plantés il y a quelque trente-cinq ans. En ce début d'automne, il y avait dans l'air cette douceur apaisante, particulière à la Haute Saintonge. Sur la table de jardin, un verre d'armagnac De Loyac 1964, marque qui lui avait appartenu et dont il avait conservé une réserve lors de sa cession, avait accompagné le Montecristo qu'il avait lentement réduit en cendres, plaisir qu'il s'octroyait avec modération, en infraction avec les recommandations de la faculté. Il éprouvait un sentiment de plénitude et de sereine tranquillité.

Laissant son esprit vagabonder, il revoyait la terrasse de la maison de sa grand-mère à Barcelone – son terrain de jeu quand il avait quatre ans. À l'extrémité de celle-ci s'érigeait le kiosque vitré, domaine de son grand-père, qui en avait fait sa bibliothèque. Sur le globe terrestre qui y trônait, il lui montrait les principaux pays du monde en lui racontant les histoires fascinantes de ses voyages. En quelque sorte, un cours de géographie qu'il avait mémorisé et qui allait lui servir plus tard. Le grand-père avait beaucoup voyagé au début du XXᵉ et plus probablement à la fin du XIXᵉ siècle : négociant en coton, son métier consistait à acheter la cargaison des bateaux à leur arrivée au port et à la revendre, sans même y toucher. Sa grand-mère lui avait raconté que lorsqu'il allait en Amérique latine et principalement au Mexique, il s'absentait pendant plusieurs mois. Elle avait un coffret plein de bijoux qu'il rapportait de ses voyages. Malheureusement, tout lui fut volé lors de la guerre et de l'exil en France !

Voulant protéger la tortue, dont la terrasse était le territoire, d'une chute dans les quelques marches qui conduisaient au petit bâtiment, c'est lui, Bart, qui dévala celles-ci. La cicatrice qu'il arbore au menton en témoigne.

L'idée lui vint qu'il pourrait faire un livre de son histoire dans l'Histoire, avec ses aventures, ses réflexions et ses émotions. Il aurait pour titre : « Sous le signe de Chronos ».

Le temps passant, il décida de s'y mettre avant qu'il ne passe lui-même.

De retour à Cognac, comment lui et sa famille avaient-ils élu leur nouvelle résidence ?

Qu'a la Colombie à voir avec ce choix ?

Les Vargas père et fils, les importateurs du cognac Otard, à Bogota, qu'il visitait régulièrement, habitaient une très belle maison basse, typiquement sud-américaine avec une grille courant tout le long de la galerie en façade, dont il leur avait fait compliment. Au cours de la conversation, il leur avait confié qu'il voulait acheter une maison à Cognac, mais qu'il n'en avait pas encore trouvé une qui leur convînt. Alejandro, l'un des fils, architecte, lui proposa : « Bart, achète un terrain, mon cabinet te fera gratuitement les plans d'une maison selon tes souhaits ! »

Cette sympathique proposition resta sans suite consécutivement à la reprise de son métier d'origine, avec pour corollaire le retour en Charente. Ils avaient vendu leur pavillon, ce qui leur permit d'acquérir leur nouvelle demeure. Son épouse, qui avait négocié avantageusement la vente de leur pavillon à Domont, près de la forêt de Montmorency, se chargeait de la prospection, ses voyages ne lui en laissant pas le loisir. Elle avait jeté son dévolu sur une « longère », ancienne ferme saintongeaise, vieille de presque deux cents ans. Ils l'occupent toujours et ils y sont très attachés.

Les tempêtes successives avaient abattu un certain nombre de ces arbres auxquels il tenait tant, sans que l'équilibre du jardin en fût altéré. On pourrait faire un parallèle entre le genre humain et le règne végétal ; les deux arrivent à se relever des pires désastres. Pour l'anecdote, la légende locale veut que dans les années dix-huit cent, le maire du village, propriétaire de cette ferme et son épouse, désespérés de ne pas avoir d'enfant, aient invité le curé chez eux. Ses oraisons et ses prières furent sans doute efficaces, car leurs vœux furent comblés et leur descendance assurée.

Guillaume et Rodolphe, leurs fils, et lui avaient construit la pergola où il lézarde, sur la dalle en béton coulée par les maçons. Ceux-ci avaient eu pour mission de restaurer la façade arrière après avoir supprimé l'énorme portail coulissant qui dans le passé permettait de rentrer les vaches à l'étable, quand cette demeure était encore une ferme. Leur chef-d'œuvre fut de surélever un chai pour agrandir le salon et de remplacer le mur de moellons par une baie d'environ cinq mètres sur deux qui donnait l'impression d'être dans le jardin. Pour compléter le tableau, il ne manquait que « Shogun ».

« Les chiens ne font pas des chats. » Puisque l'on parle d'eux… à presque dix-neuf ans – ils en ont maintenant cinquante-huit – les jumeaux Rodolphe et Guillaume, qui avaient travaillé pour se constituer un pécule, décidèrent de partir explorer l'Amérique, non sans avoir réservé leur billet de retour. Bart et leur mère, bien que très inquiets, n'exer-cèrent pas une trop forte pression pour les en dissuader, ayant conscience que cela n'aurait servi à rien, et que probablement ils auraient traîné cette frustration toute leur vie. Séquelle de mai 68 et de la doctrine « *Libres enfants* » d'Alexander Sutherland – sans compter que le président Giscard d'Estaing avait ramené la majorité à dix-huit ans. Guillaume, féru de musique et bon guitariste, avait fréquenté, avec plus ou moins de succès, le milieu musical. Rodolphe quant à lui entreprit de traverser les USA, en bus et en stop. C'est ainsi qu'il se retrouva moyennant rétribution à planter des clôtures dans le Vermont, dans un ranch appartenant à un évangéliste qui l'avait pris en stop, puis finit son séjour comme bûcheron au Canada pendant un mois. Parti avec les cheveux longs, il revint avec les cheveux courts, une musculature renforcée et une forme physique impressionnante. En septembre, ils se rejoignirent à New York et rentrèrent à la maison.

Comme il s'absentait souvent pour des voyages plus ou moins longs, il décida, pour assurer un minimum de pro-tection à son épouse et à sa petite-fille qui vivaient avec eux, de prendre un chien. Ce fut un schnauzer géant, poivre et sel au pelage argenté qu'ils avaient acheté en Bretagne alors qu'il n'avait que trois mois et qu'ils avaient baptisé Shogun. À dix-sept mois, il mesurait soixante-dix centimètres au garrot et pesait quarante kilos.

Queue et oreilles coupées, la casquette de poils sur les yeux et la moustache typique de la race en faisaient un chien peu commun. Assis sur le perron, les pattes posées sur la première marche, il avait une allure aussi dissuasive que royale. Les voi-tures s'arrêtaient pour le regarder. À un an et demi, il était un redoutable gardien, ami personnel de leur petite-fille, qui lui faisait les pires misères, qu'il supportait stoïquement. C'eût été une grave imprudence de s'en prendre à elle. Quand il mourut à treize ans, âge normal pour un gros chien, ils décidèrent de ne pas en avoir d'autre.

Sa méditation introspective fut interrompue par l'arrivée de ses cousins Ramon de Barcelone et Miguel de Buenos Aires, qui s'étaient rejoints à Barcelone, pour lui rendre visite et passer quelques jours dans l'appartement de vacances de leur neveu Rodolphe à Royan. Il était très heureux de les revoir l'un et l'autre, ainsi que leurs épouses. Un peu dérouté par la « question catalane », il se réjouissait de pouvoir en discuter avec Ramon. Quoique se sentant parfaitement français, ses racines étaient depuis des siècles indiscutablement catalanes : le mariage selon les registres de l'Église catholique de ses lointains ancêtres Ferriol et Antiga en 1593 en est l'illustration, d'où son intérêt intellectuel pour la question catalane. Sans compter pour faire bon poids, ses encore plus lointains ancêtres, les chevaliers d'armes Pedro et Raimundo au XIVe siècle. **(1)**

Né en 1934 à Barcelone, il n'est pas superflu de rappeler les circonstances qui ont conditionné son existence.

1939/1945 : période tragique et barbare, que sa famille et lui avaient vécue en direct. Bart propose l'explication suivante : la guerre civile en 1936 fut le résultat quasi inéluctable de la lutte multiséculaire entre l'Espagne noire, archaïque, cléricale, absolutiste, soucieuse de conserver les privilèges des uns, et la misère du plus grand nombre par tous les moyens. Guerre qui ne fut avare ni d'horreurs, ni d'inhumanité, dont la fin avec la chute de Barcelone et la victoire du franquisme envoya vers l'exil des centaines de milliers de réfugiés. On parle de six cent mille hommes, femmes et enfants qui franchirent les

Pyrénées. Suivie par la victoire de l'Allemagne et l'invasion de la France par la Wehrmacht.

Alegro Barbaro de José Luis de Vilallonga, publié en 1971, traite le même sujet sous un autre angle : la révolution en Espagne, la société et la famille royale, avec une description assez impressionnante des monstres engendrés par la consanguinité. Récemment décédé à l'âge de quatre-vingt-sept ans, il était un noble, selon les termes consacrés – un Grand d'Espagne – qui après s'être engagé à dix-sept ans dans l'armée franquiste, avait pris parti contre Franco. Exilé, et condamné à cent cinquante ans de prison par ce dernier, il vivait et écrivait en France.

Paradoxe : selon les dires de sa mère, un de ses grands-oncles maternels aurait été franquiste et même proche de Franco. Sa fille aurait été condisciple de la fille du « Caudillo », ceci au sein d'une famille républicaine ! On suppose qu'il était militaire.

Était-il le frère de son grand-père ou son beau-frère ? Qui étaient ses grands-oncles ? Il l'ignore. Il ne reste plus personne pour éclairer sa lanterne.

Ils avaient quitté Barcelone en 1938 en direction du nord. Sa sœur Christine s'est attachée à reconstituer leur itinéraire, dont les étapes furent : Figueres, l'Estartit, Vilameniscle. Franchissant la frontière, encore ouverte, à Cerbère le 3 février 1939 : sa grand-mère Paquita, sa mère, Bart et elle. L'Estartit, très modeste port de pêche, est devenu une station balnéaire à la mode et un grand port de plaisance. Après avoir traversé les Pyrénées à pied jusqu'à La Junquera, ils furent acheminés par chemin de fer à Troyes *via* Paris et conduits par camion au village de la Ville au Bois, commune d'Amance, non loin de Troyes, où sa mère dut travailler dans une ferme. Au cours de ces déplacements, on lui vola ses valises avec leurs vêtements, les siens et ses bijoux. On peut imaginer avec tristesse son désarroi. Sa grand-mère ne devait pas tarder à repartir en Espagne.

Lors du décès de sa mère à quatre-vingt-douze ans, il entreprit avec sa sœur Christine de trier ses papiers entassés dans des cartons. Soudain elle lui mit sous les yeux une photo et s'exclama : « Regarde, c'est nous ! » Il s'agissait d'eux deux, respectivement à trois et quatre ans, à leur arrivée à Troyes le 19 février 1939. Une autre réunissait ses arrière-grands-parents, son grand-père à vingt ans et ses grands-oncles et tantes : famille bourgeoise, tous vêtus de noir comme il se doit.

Bart et ses frères vendirent la maison, tout en conservant un grand terrain qui s'étendait à l'arrière pour une future opération immobilière, en accord avec Robert, le fils d'un compatriote de son père, qui pour les mêmes raisons possédait le terrain contigu, d'une surface équivalente.

Les recherches de sa sœur lui permirent de retrouver les Ruffoni, une sympathique famille italienne, leurs voisins à La Ville au Bois et de rapporter des photos. Celles-ci ont été l'élément déclencheur de souvenirs escamotés par la machine infernale de la mémoire et noyés sous bien d'autres. Ils étaient charbonniers, exerçant leur métier dans une forêt qui abritait des dépôts de munitions. Leur nationalité les rendait suspects d'espionnage au profit de l'Allemagne, ce qui leur valut d'être arrêtés. C'était une absurdité : tout le monde savait où se trouvaient ces dépôts à peine dissimulés sous des tas de bûches. Qu'en résulta-t-il ? Il l'ignore. Leur innocence fut probablement reconnue. Un des garçons devait devenir le maire du village. Elle lui fit la remarque : « À Amance, nous avions eu le bonheur de rencontrer des personnes qui nous avaient secourus. »

En dehors de quelques anecdotes, Bart n'avait recueilli auprès de son père, Santiago, que peu d'informations sur cette époque. Ce dernier était attaché à la République, comme la majorité de la famille, bien qu'il ait été réticent à en parler, car cet épisode de sa vie avait été trop douloureux. Il savait qu'il avait été mobilisé dans l'Armée de l'air et affecté comme chauffeur d'un pilote commandant un groupe d'avions de combat. Il s'en voulait de n'avoir pas été assez attentif et de ne pas l'avoir amené à lui expliquer les séquences et la chronologie politique et historique de son parcours. Il arriva en France le 6 février 1939 au Perthus, avec un groupe de militaires de l'Armée de l'air. Arrêté par les gendarmes, il fut dirigé sur le camp d'Argelès, où les conditions de vie étaient inhumaines, pour être finalement interné à Gurs, jusqu'à ce qu'il rejoigne la 165e compagnie des travailleurs étrangers, affectée à la construction de la base aérienne de Genté (Cognac). L'initiative, en septembre 1936, de construire un aérodrome militaire à Cognac revint au Front populaire. Le ministre de l'Armée de l'air, Pierre Cot, en janvier, juste avant son départ du gouvernement, signa les décrets d'application. Les travaux commencés fin 1938 sous la direction du Génie militaire, devaient continuer jusqu'en 1940 et s'y poursuivre sous l'Occupation. « L'organisation Todd » et la Luftwaffe y prenant le relai de l'aviation française.

Alain Léger, auteur du livre *Les Indésirables – L'histoire oubliée des Espagnols en pays Charentais* – complète le parcours de leur père Santiago. « *Dès le 4 janvier 1940, les demandes de regroupement familial se multipliant, le sous-lieutenant Beaume se faisant le porte-parole des hommes sous son contrôle, se heurte à l'opposition du sous-préfet. Santiago Gratacos, présenté par Beaume comme l'un des meilleurs travailleurs de la compagnie, dirigeait à Barcelone une entreprise de serrurerie employant une douzaine d'ouvriers qualifiés. Lorsque la guerre éclata, il s'apprêtait à lancer la fabrication en série d'appareils de radiographie médicale à rayons X. Il dut envoyer ses ouvriers récupérer les impayés aux quatre coins de la ville pour assurer la paie, eut son camion réquisitionné et devint dans l'Armée de l'air le chauffeur attitré du pilote d'Indelacio Prieto. Pour l'heure, il réclame son épouse et ses deux enfants réfugiés à La Ville au Bois et finira par l'obtenir on ne sait trop quand. »*

1939/1940 : toujours seuls à La Ville au Bois, après que le canon eut tonné pendant une semaine. Sa mère, Casilda, sa sœur et lui durent évacuer avant l'arrivée des Allemands et parcourir quelque soixante-quinze ou cent kilomètres à pied en direction du sud, jusqu'à Mussy-sur-Seine, harcelés par les « *stukas* » qui les mitraillaient : chaque fois qu'ils en entendaient un, ils se jetaient dans le fossé. Sa mère, femme énergique et déterminée, devenue en quelque sorte *leader* du petit groupe, s'arrangeait pour le nourrir, essayant de trouver quelque chose à manger dans les maisons abandonnées. Véritable citadine transformée en paysanne, elle avait arraché des pommes de terre dans un champ et même trait une vache dans un pré. Elle était une personne positive, mais intransigeante sur les principes : on se lavait les mains en arrivant à la maison, on ne mettait pas les coudes sur la table, on ne coupait pas la parole aux adultes, etc.

Les Allemands, qui avaient occupé toute la région, les ramenèrent au point de départ. Aussi surprenant que cela puisse paraître, maintenant au XXIe siècle, ces troupes utilisaient des chevaux. Était-ce seulement pour tracter la « roulante » ou aussi pour les canons ?

Ils en avaient parqué un certain nombre dans le verger et

Républicains espagnols En 1939, le gouvernement Daladier reçoit les vaincus de la guerre d'Espagne – qui contribueront plus tard à la libération de la France – en les entassant dans des camps. Un correspondant de guerre de l'époque se souvient.

Léo Palacio, « Le Monde » daté 15-16 avril 1984

Des réfugiés parqués sur la plage

Camp d'Argelès.
Après la débâcle, les miliciens espagnols sont d'abord rassemblés à même le sable sur la plage méditerranéenne. Un camp sera monté à la hâte par les militaires français.

« C'est bien simple, les femmes et les enfants, on les reçoit ; les blessés, on les soigne ; les valides on les renvoie. »
Le ministre de l'intérieur, Albert Sarraut, le 1er février 1939, au Perthus

En ces jours d'avril 1939, dans la tempête qui fait rage sur les Pyrénées, des dizaines de milliers de combattants de l'armée républicaine fuient en déroute par les rares passages encore ouverts entre l'Andorre et le Perthus. De l'autre côté de la frontière, des tirailleurs sénégalais les attendent, baïonnette au canon, pour les dépouiller de leurs pauvres équipements avant de les diriger vers des camps d'internement. La « grande presse » française – ce sera la même à soutenir, de 1940 à 1944, la politique de collaboration avec les vainqueurs de l'Axe – se déchaîne contre « cette canaille rouge » tentant d'échapper au glaive du justicier ».

Nous sommes quelques correspondants de guerre englués dans la grande débandade que nous connaîtrons nous-mêmes un an plus tard, en sens inverse, sur les routes de France écrasées par les chenilles des blindés allemands. Quelques mois plus tard, Français et Anglais subiraient le même déluge de fer et de feu que nous avions vu s'abattre sur Alicante, Valence, Barcelone, Madrid. A Burgos, au grand quartier général de Franco, le 1er avril 1939 à 23 h 30, le dernier message de la guerre d'Espagne était diffusé et repris par toutes les radios du pays :

« Aujourd'hui, après avoir capturé et désarmé l'armée rouge, les troupes nationales ont atteint leur dernier objectif militaire. » Cette guerre avait duré 986 jours… Il est encore impossible de chiffrer avec précision combien de morts elle a coûté aux militaires et aux civils des deux camps. Mais, pour un demi-million de républicains vaincus, c'est le commencement de l'exode et de l'enfer, pour beaucoup aussi, la continuation de la lutte armée contre le nazisme et le fascisme.

J'en ai vu une partie à l'ancienne prison civile d'Oran, où des navires fuyant Alicante et Carthagène les avaient conduits. Certains furent envoyés à Boghari et dans le Sud oranais, où l'on en fit des travailleurs de force. Ceux qui franchirent la frontière du Roussillon se retrouvèrent à Prats-de-Mollo, où la ration alimentaire quotidienne était une boule de pain moisi pour cinq et une louche d'eau tiède. 300 réfugiés s'entassaient dans un hangar de 25 mètres sur 35. Les autres couchaient à même le sol gelé par la tramontane. Malgré la solidarité des partis et des syndicats catalans, la situation s'aggravait de jour en jour. Elle devint intenable lorsque Daladier donna l'ordre d'ouvrir les frontières à l'armée en débandade après désarmement des soldats. 50 000 réfugiés vont s'entasser dans un premier temps au

Perthus, en guenilles, sales, mangés par la vermine. Parmi nous se trouvent des photographes qui n'ont jamais eu le courage de passer la frontière pendant la guerre et qui maintenant, tous objectifs braqués, travaillent pour une presse qui tresse des couronnes à Franco, oubliant de souligner que les « vrais » vainqueurs sont les militaires italiens et allemands envoyés pour lui prêter main-forte. Les journaux de Paris titrent sur quatre colonnes : « La voilà la racaille du Frente crapular [nom donné au front populaire par ses opposants] !... Elle a bonne mine !... »

Les jours qui suivent amènent une marée humaine où 70 000 hommes en uniforme sont mêlés à 300 000 civils, vieillards, femmes et enfants. Certains ont eu une jambe arrachée lors d'un bombardement, et le moignon est entouré de chiffons sales ; ils se traînent en s'appuyant, faute de béquilles, sur des branches taillées en forme de fourche. Des gardes mobiles les accablent de quolibets, bousculent ceux qui portent un semblant d'uniforme, fouillent dans leurs poches, les vident de tout ce qui peut « ressembler à une arme » : un briquet, un appareil photo, une montre, par exemple !

Reçus comme des parias

Les vaincus d'avril 1939, je les ai revus, les armes à la main, d'abord dans les corps francs d'Afrique, autour du capitaine Buiza, l'ancien amiral en chef de la flotte républicaine, engagé comme simple commandant de compagnie pour la campagne de Tunisie, avant de se joindre à la division Leclerc. C'est cette même 2e DB qui a fait entrer « ses » Espagnols les premiers dans Paris libéré. Et les chars qui m'entouraient portaient, comme une revanche, sur leur blindage... les noms « Madrid », « Brunete », « Guadalajara ». Le colonel Putz, un ancien des Brigades internationales, était avec eux. Il trouvera une mort glorieuse, trois mois plus tard, pendant la libération de Strasbourg.

En ce mois d'avril 1939, la France républicaine reçoit comme des parias les premiers combattants de la seconde guerre mondiale. Quelques mois plus tard, le gouvernement de Vichy fera arrêter Luis Companys, un bourgeois républicain qui fut le dernier président de la Généralité de Catalogne. Des mains de la Gestapo, il tombera directement entre celles des franquistes, qui le feront fusiller. Édouard Daladier, ancien membre du gouvernement de front populaire de Léon Blum, déclarera, en septembre 1939, la guerre à l'Allemagne. Arrêté par Vichy, il connaîtra à son tour la déportation. Elle ne fut certainement pas aussi terrible que celle des réfugiés espagnols, auxquels il avait offert, à l'époque, trois prisons et quinze camps de déportation, pudiquement qualifiés de « centres d'internement ». Il faut avoir marché dans la fange et les odeurs pestilentielles des baraquements d'Argelès ou de Saint-Cyprien, où les enfants et les vieillards crevaient de dysenterie, de tuberculose ou de gangrène, pour avoir le droit de rappeler le sort que notre pays a réservé aux rescapés de la bataille de l'Ebre.

Les moins malheureux furent dirigés vers d'autres camps du Midi. Dès la déclaration de guerre, les hommes les plus valides furent versés dans les Compagnies de travailleurs étrangers (CTE), sur la ligne Maginot, [ou le Mur de l'Atlantique]. En 1940, ceux qui tombèrent entre les mains des nazis furent déportés, marqués d'un triangle bleu, dans les camps de la mort. D'autres purent s'engager dans la Légion étrangère. Les survivants devaient tomber dans les rizières d'Indochine. Et le général Bigeard, qui les y a rencontrés, se souvient que c'est avec certains d'entre eux qu'il avait libéré quelques villes de l'Ariège, où il fut parachuté pendant la Résistance, avec le grade de capitaine FFI.

Entretien « **Une mémoire sans camps** »

Denis Peschanski, historien et chercheur au CNRS, auteur de *La France des camps*, dirige le projet de musée-mémorial de Rivesaltes.

De 1938 à 1946, environ 600 000 personnes ont été internées dans des centaines de camps en France. Y a-t-il une continuité dans ce système d'internement ?

Ce qui frappe, en fait, c'est bien davantage la discontinuité. Alors que l'internement est bien utilisé continûment entre 1938 et 1946, quatre logiques politiques se succèdent : logique d'exception avant la défaite de 1940 et à la Libération, logique d'exclusion entre 1940 et 1944, logiques de déportation et d'extermination pour les juifs de France entre 1942 et 1944.

L'histoire des camps français a-t-elle été occultée ?

Cette occultation a simplement accompagné celle de l'histoire de Vichy. Quelle place consacrer aux camps, en effet, si Vichy n'est pas reconnu comme un État français ayant son propre projet politique et idéologique, combinaison de révolution nationale et du choix de la collaboration ? Quelle place leur accorder si Vichy est conçu comme une simple antenne de l'occupant ? Pour Vichy, cette forme de naturalisation passe par la révolution paxtonienne, du nom de cet historien, Paxton, qui consacra un livre majeur à *La France de Vichy* [1973 en France]. Mais les études sur les camps français suivent très vite.

Où en sont les tentatives mémorielles autour des camps ?

Il n'existe presque plus de trace de ces lieux dans le paysage, si ce n'est, pour une part, à Rivesaltes, l'état même des baraques illustrant cependant le processus de destruction mémorielle. En quelque sorte, on est passé de camps sans mémoire à une mémoire sans camps. A ce jour il n'existe aucun musée-mémorial spécifiquement consacré aux camps français d'internement. Deux projets de grande ampleur sont fortement avancés : celui des Milles et celui de Rivesaltes ; et, celui, plus restreint, d'Orléans, pour les camps de Beaune-la-Rolande et Pithiviers, qui prochainement déboucher.

Propos recueillis par Michel Lefebvre

« Nuit et brouillard ».
En 1955, un plan du documentaire d'Alain Resnais montrant un gendarme français gardien du camp de transit de Pithiviers en 1941 (ci-dessous) est censuré. La participation de la France à la déportation est alors un sujet tabou.

le pré entourant leur habitation, se servant de leur puits pour les abreuver. La malchance voulut qu'ils envoient par le fond le chaudron qu'ils utilisaient pour tirer leur eau. Un soldat tout penaud vint s'excuser. Bart ne sait pas s'ils avaient remplacé ce récipient. Son impression est qu'ils n'en firent rien. À ce stade, la Wehrmacht semblait vouloir donner une bonne image d'elle-même ; néanmoins deux événements contradictoires, qui n'allaient pas tous les deux dans le même sens, se produisirent :

– L'un sympathique : un jeune soldat autrichien qui n'avait pas fini ses études leur confia qu'il n'était pas un partisan d'Hitler, qu'il était dans l'armée contre son gré, incorporé d'office. Il lui fit cadeau d'un harmonica, dont il ne sut jamais se servir et qu'il finit par casser. C'était méritoire, car il n'en avait probablement pas d'autre et la guerre était loin d'être finie.

– L'autre terrible : deux soldats français prisonniers qui refusaient de couper des arbres destinés à la construction d'un pont furent fusillés.

L'être humain peut avoir des réactions généreuses, comme agir avec sauvagerie. L'actualité le montre tous les jours. « Ecce Homo ».

À l'instar de la période, ils avaient des jeux dangereux. Sur le chemin de l'école ils jouaient à la guerre, avec des fusils en plus ou moins bon état abandonnés par les soldats en fuite, ou à « pique couteau » avec des cartouches qu'il fallait planter en cercle dans la terre meuble. C'est un miracle que personne n'ait été blessé ou, pire, tué. Il faut croire qu'il y avait une providence pour les innocents petits crétins qu'ils étaient.

Derrière leur logement s'étendait un verger. Le propriétaire, un vieux monsieur avec un tablier bleu et un chapeau de paille, archétype du jardinier des catalogues de jardinage actuels, les autorisait à en manger les fruits, en leur recommandant de les plonger préalablement dans un bac d'eau pour s'assurer qu'ils n'hébergeaient ni guêpes ni abeilles. Cette précaution n'était pas vaine, car il exploitait quelques ruches. On ne parlait pas encore des tristement fameux frelons asiatiques, plaie des vergers.

Il faisait très froid et la neige avait blanchi le paysage. Les Ruffoni, qui occupaient une maison en bois où un feu joyeux pétillait dans la cheminée, leur offraient l'hospitalité : leur logement était dépourvu du moindre confort, pour tout dire glacial. En fait c'était une grange sommairement aménagée, sans eau courante ni électricité. À leur retour, comme la boulangère refusait de leur vendre du pain, de même qu'aux Italiens, le réservant aux Français, sa mère excédée alla se plaindre auprès du commandement allemand. Un officier supérieur qui parlait français se rendit à la boulangerie pour une explication de texte. L'ostracisme de la boulangère à leur égard et à celui des Italiens s'arrêta là. Le lendemain, un lieutenant leur apporta du chocolat, du beurre et de la confiture, et cela pendant tout le temps de leur séjour dans notre village.

Sa future épouse Maximilienne, âgée de huit ans et ses sœurs avaient l'habitude, en sortant de la messe à Coëx – la Vendée reste toujours une terre catholique par opposition aux Charentes au passé protestant – de s'asseoir sur un banc dans le parc pour rompre le jeûne en mangeant des gaufres faites maison. Ce dimanche, leur banc était occupé par deux très jeunes soldats allemands, dont l'un pleurait. Sa sœur aînée lui dit d'aller lui porter une gaufre, ce qu'elle fit. Il l'accepta et, lui prenant les mains, les garda dans les siennes quelques instants en tremblant.

Des deux cent cinquante hommes qui formaient la 165e compagnie de travailleurs étrangers, une douzaine seulement se sont établis après-guerre en Charente : maçons, peintres, plâtriers. Il en avait connu la plupart. Deux d'entre eux, célibataires, venaient régulièrement déjeuner à la maison le dimanche. L'un d'eux, José Martinez, était ingénieur. Il s'était réfugié sous un camion, à la limite du camp d'aviation, loin des bâtiments, lors d'un bombardement. Le malheur voulut que ce camion fût pris pour cible et qu'il fût très grièvement blessé et dût même subir une trépanation. Une autre version dit que son camion fut percuté en bout de piste par un avion qui décollait. Tout récemment sa petite-fille, qui cherchait des informations sur son grand-père et sa relation avec le père de Bart, a écrit à son frère Louis. Comme il était le mieux placé pour lui répondre, il se fit un plaisir de lui communiquer les éléments qui devaient lui permettre de poursuivre ses recherches. À sa connaissance, il ne reste aucun survivant. Son père, qui en faisait partie, est décédé en 1992.

Après sa participation aux travaux de construction du camp d'aviation de Genté, son père fut affecté à une ferme de la commune de Cherves. Le propriétaire l'avait requis, lui pour les travaux des champs, sa mère pour des travaux ménagers et la lessive (au reste pour un salaire de misère, si ce n'est sans salaire du tout.) Bart avait été frappé par la présence d'une dizaine de Vietnamiens portant un pantalon, une veste de toile noire et un chapeau de paille conique, qui étaient employés à nettoyer un vivier traversé par un ruisseau. Bien qu'enfant il les plaignait, car le travail dans la boue, par un soleil écrasant, lui paraissait très dur et il leur trouvait un air de grande tristesse.

La ferme en question, isolée au milieu des terres agricoles, se composait d'une belle demeure entourée de murs, avec un portail en fer forgé. Elle était flanquée à quelques dizaines de mètres par les bâtiments agricoles : d'un côté par la grange et les écuries et nettement plus loin, de l'autre côté les chais, le tout dans un grand parc où s'ébattaient des paons. Une entrée secondaire ouvrait latéralement sur cette partie de l'exploitation. Cette précision a son importance. Le propriétaire y avait organisé un abattage clandestin avec la complicité des Allemands, qu'il recevait chez lui. (D'où l'importance de la discrète entrée latérale). Cela ne l'empêcha pas à la Libération d'aller défiler en tenu de spahi, vestige de son passé militaire.

L'armistice fut signé à Rethondes le 22 juin 1940 et une entrevue eut lieu le 20 octobre, à Montoire-sur-le-Loir, entre Hitler et Pétain. Par la suite, tout le territoire national fut occupé.

1941 : année de tous les dangers ! Ils venaient d'arriver tous les quatre à Angoulême par le tortillard local. Le train avait un quart d'heure de retard, ou peut-être avaient-ils un quart d'heure d'avance ; le fait est qu'ils étaient seuls sur le quai avec deux gendarmes. S'adressant à son père, ils lui dirent :

– Que faites-vous là ?

– On nous a donné l'ordre de nous rassembler ici, leur expliqua-t-il.

– Fichez vite le camp, tout de suite ! s'écrièrent-ils.

Sauve qui peut ! Ils coururent à travers les voies, leurs valises à la main, pour retourner chez eux. Ils venaient sans aucun doute de leur sauver la vie. Où le train les aurait-il emmenés ? En déportation sans aucun doute. Pétain et Franco étaient au pouvoir.

Quelque cinquante ans plus tard, l'affiche d'un cinéma représentant une scène de guerre, avec au premier plan un général allemand, croix de fer sur la poitrine. Cela pouvait être un film sur Rommel, le ramenant brutalement à cette époque et le faisant frissonner d'une terreur rétrospective au souvenir de leur sauvetage par les gendarmes. Élasticité du temps.

Cette exploitation a dû être revendue plusieurs fois depuis et le fermier en question est mort depuis longtemps. Rétrospectivement, il se demande comment il n'eut pas d'ennuis après la Libération, quand règlements de compte et vengeances ne furent pas rares.

À la Libération, tout le monde ne bénéficia pas de cette mansuétude, comme on va le voir. Il devait avoir onze ou douze ans. Ils habitaient alors à Richemont, près de l'église, son père travaillait à Cognac et tous les jours en fin d'après-midi, il allait chercher le lait fraîchement tiré dans une ferme qui lui semble maintenant peu éloignée. Le raccourci qu'il empruntait : un chemin qui longeait la lisière d'un bois, côtoyait une prairie. Cette zone était très boisée. Ce soir-là, il entendit des coups de feu ; très effrayé, il se mit à courir en brinquebalant son pot de lait. Quelques jours plus tard à l'école, tout le monde en parlait : on avait découvert deux cadavres dans un bois. Jusque-là, il n'avait jamais eu peur, sachant que, tant un renard qu'un sanglier, seules rencontres envisageables, se serait enfui. À partir de ce jour, il n'en fut plus de même, il s'y rendait à bicyclette, en faisant un grand détour par la route, au risque de renverser son bidon.

Avec les garçons de cette ferme, qui devaient avoir quatorze ou quinze ans, et d'autres garçons du village, ils avaient aménagé une baignade dans « l'Antenne », à quelques centaines de mètres de chez lui, en retirant les pierres du fond d'un espace où la rivière en avant d'un petit pont qui servait de plongeoir. Les deux frères jouaient consciencieusement le rôle de maître nageur.

Après cet épisode agricole, son père avait été embauché comme magasinier par une entreprise de chauffage à Cognac. Son expérience d'entrepreneur et son sens de l'organisation l'amenèrent rapidement à établir un système de fiches et de bons qui fit baisser spectaculairement la perte d'outillage et l'évasion de matériel. Il arrivait qu'il aille chercher lui-même des pièces avec un fourgon à Bordeaux et qu'il l'accompagne. Ils déjeunaient alors dans un restaurant basque de ses amis. Le *San Sébastian* si la mémoire ne lui fait pas défaut. Sa sœur Christine était-elle du voyage ? Probablement pas car elle avait dix-huit mois de moins que lui, et qu'elle était trop petite.

La conférence prononcée le 8 octobre 2014 par M. José Lacour-Miron dans le cadre de l'Institut d'histoire et d'archéologie du Cognaçais apporte un éclairage circonstancié sur l'Occupation dans le Cognaçais. Le Bureau de répartition des vins et eaux-de-vie de Cognac – ancêtre du Bureau national interprofessionnel du cognac – fut créé par l'arrêté ministériel du 5 janvier 1941 dans le but de faire face à des choix délicats et des décisions cruciales.

Période trouble et opaque, l'année 1941 est propice aux rumeurs et fantasmes. L'Allemagne nazie et les pays de l'Axe triomphent. Hitler peaufine son plan Barbarossa et se prépare à attaquer l'Union soviétique. Une photo d'archive montre un groupe d'une vingtaine de soldats allemands posant devant la statue équestre de François 1er, sur la place du même nom.

José Lacour-Miron rapporte : « *La France vaincue et rapide-*

ment occupée est soumise aux réquisitions de la Wehrmacht. Pour sa part de tribut imposée par le vainqueur, Cognac est pressé de fournir des volumes croissants d'eau-de-vie. Le petit monde du cognac a-t-il été exemplaire ? S'est-il fourvoyé avec l'occupant ? Tous les Charentais connaissent l'aide précieuse apportée par Gustav Klaebisch. Lui et son frère Otto, nés à Cognac dans les années 1890, avaient été élèves au collège de Cognac où leur père avait fait fortune à la tête de la maison Meukow, avant d'en être exproprié en 1914. Le lieutenant Klaebisch était le beau-frère du ministre des Affaires étrangères Von Ribbentrop. Il connaissait bien Cognac et le cognac : c'est pour ces raisons qu'il fut nommé Weinführer. Y a-t-il eu collaboration ? "Non, répond M. José Lacour, qui parle même de résistance économique passive. Que fallait-il faire ? Fermer les maisons et mettre la viticulture sur la paille ? Il fallait continuer, vivoter en préservant la reprise le jour de la paix revenue." Von Ribbentrop fut condamné par la cour de Nuremberg et exécuté, par contre personne n'a pu lui dire ce qu'il était advenu de Klaebisch. »

Quelque temps après son entrée dans la vie active, Bart conversait avec Jean M., un collègue plus âgé que lui, en charge du marché allemand. Ce marché se développait et son potentiel était important. L'évocation d'un passé récent devait naturellement venir sur le tapis. Une rumeur persistante, mais non vérifiée, voulait qu'outre la ponction officielle, des exportations hors quota, qualifiées de « marché gris » aient eu lieu à destination du Reich. Il préféra ne pas approfondir le sujet.

Avant qu'ils déménagent à Cognac en 1944 et que son père, qui avait acheté un terrain à Chateaubernard, construise leur maison, ils habitèrent Richemont. Sur un plateau de petite surface se trouvait le presbytère, l'ancien cimetière, et l'église. L'abbé Bechemilh, curé de la paroisse, occupait ce petit presbytère avec sa gouvernante, Melle Génie, de son vrai nom Eugénie. C'était un homme âgé qui se passionnait pour l'archéologie. Bien qu'idéologiquement éloignés, son républicain de père et lui étaient très amis. Ce plateau surplombait deux maisons, dont la leur. La crypte, munie de meurtrières sous l'église, servait, si l'on en croit l'histoire locale, à protéger la population du village lors des incursions des Vikings qui remontaient l'*Antenne* avec leurs drakkars. Les parois verticales de celui-ci étaient creusées d'alvéoles, à quelques mètres du sol. Les seigneurs féodaux y enfermaient leurs ennemis, ou même ceux qui leur avaient déplu, et les y laissaient mourir. Le moins que l'on puisse dire est que le Moyen Âge était cruel.

En dépit d'un handicap assez sérieux, le sympathique curé avait réussi à établir les plans primitifs du château de Richemont et commencé à mettre au jour les fondations de celui-ci.

L'emplacement du château, détruit par Richard Cœur de Lion et dont il ne reste que des remparts, abritait le petit séminaire où le frère d'un camarade de classe étudiait. Pendant les vacances, ils pouvaient y accéder librement et aller y jouer au ping-pong ou rendre visite à de très vieux abbés, qui leur parlaient histoire, géographie, évoquant le fantôme des seigneurs de Richemont et les légendes d'un passé évanoui. Au troisième étage, entourés de centaines de livres, ils ne se déplaçaient plus, mais communiquaient par un système de câbles et poulies qui leur permettait de recevoir livres et denrées diverses d'une fenêtre à l'autre.

De très nombreuses années s'étaient écoulées, lorsque le film *Au Nom de la rose* tiré du roman d'Umberto Eco fit ressurgir des brumes du passé ce décor et le fantôme de ces personnages mythiques.

Le curé, l'abbé Bechmilh, l'aidait à faire ses devoirs. Dans sa minuscule sacristie, il s'évertuait à restaurer l'Ancien Testament, un gros volume, avec une forte couverture en cuir, et de belles illustrations que Bart aimait regarder et qu'il lui commentait : peut-être son goût pour les beaux livres lui vient-il de là ? Lorsqu'ils quittèrent Richemont, il lui donna en souvenir un livre, *Rome*, dédicacé, qu'il a fait relier en cuir et qu'il conserve précieusement. Il y a de cela quelque soixante-dix ans. Ce sympathique curé souhaitait être inhumé dans le vieux cimetière désaffecté depuis de nombreuses années. Par dérogation spéciale, son vœu fut exaucé.

Un soir où son père était allé au ravitaillement chez un fermier ami avec sa sœur – pourquoi l'accompagnait-elle ? Christine voulait probablement apporter ses devoirs à son amie, la fille du fermier souffrante – ils avaient été pris pour cible par deux soldats allemands complètement ivres. Son père, jouant le tout pour le tout, avait pris une grosse pierre et s'était dissimulé au coin d'un mur, avec l'intention d'assommer le premier qui se présenterait. Heureusement, l'attention des soldats s'était détournée d'eux pour tirer qui sait sur quoi. Il est fort probable que dans le cas contraire, il n'aurait pas été là pour leur conter cette péripétie.

Après une période de location à Cognac, ils emménagèrent dans la maison que son père avait construite au lieu-dit « les Alliants », dans la commune de Chateaubernard. C'est resté l'adresse de ses parents pour le reste de leur vie. Si son information est exacte, cela signifie « les hêtres », car cet arbre devait y proliférer autrefois. Ses amis lui avait dit : « Bart, tu vas habiter en pleine cambrousse. » Tout le secteur était couvert de vignes. Il n'en reste plus un seul cep. Ce terrain se situe à quelque deux kilomètres de Cognac et à moins d'un kilomètre de la base aérienne où son père avait travaillé en 1940. Les vignes ont été remplacées par des pavillons et des constructions diverses. La route qui passe devant leur maison, qui s'appelait route de Barbezieux, est devenue rue de Barbezieux. Tout un symbole !

C'est sur la recommandation de ce sympathique curé qu'en arrivant à Cognac il fut inscrit à l'école St-Joseph. La discipline y était très stricte : au premier coup de claquette on s'immobilisait dans la cour de récréation, au deuxième on se mettait en rang, au troisième on rentrait en classe. Il eût mieux valu qu'il entre directement en sixième au collège.

Dans le « *Grand Livre* », Bart est crédité d'une vie. Il n'existait pas de piscine à Cognac ; à la place il y avait une baignade pompeusement baptisée « Neptune » à quelques kilomètres du centre-ville. Il s'y rendait en vélo. C'était un espace ouvert sur un bras de la Charente, aménagé avec des passerelles en bois. Une des passerelles surplombait le déversoir en aval. De cette passerelle, il vit soudain une petite fille à l'extérieur de celle-ci faisant le « bouchon » : plongeant et se redressant alternativement. Il la saisit par les cheveux et la ramena sur la passerelle, où elle fut prise en charge par le maître nageur. Bien que cela soit devenu flou avec le temps, Bart croit avoir dit au frère qui n'était pas plus âgé que lui et qu'il connaissait bien : « ta sœur était en train de se noyer. » Sur le coup il retourna nager sans autre forme de procès.

La famille de la fillette habitait dans la même rue que lui. Ambiance cognaçaise ; elle gardait ses distances. Il avait fait son devoir et ne se posait pas de questions. Ce n'est qu'en y repensant qu'il se demanda :

– Est-il possible qu'elle fût seule avec son jeune frère ?

– Comment étaient-ils arrivés à la baignade ?

Il avait bien fallu que quelqu'un les accompagne. Il ne comprenait pas comment les parents avaient pu les laisser seuls et que personne ne soit venu lui parler ; non qu'il attendît des remerciements. À moins que… celui ou celle qui devait remplir ce rôle ne fût occupé ailleurs. Ne ricanez pas !

II

L'adolescence est un passage difficile et tumultueux pour les garçons pleins de vitalité. L'est-il moins pour les filles, même si c'est à un moindre degré ? En dehors du sport – chacun le sien : natation, aviron, tennis – et pour les collégiens, obligation de participer le jeudi après-midi à un sport collectif – aviron, football ou rugby dès que la saison le permettait – ils n'avaient pas grand-chose pour détourner leur esprit des filles. (Tennis pour les plus aisés, ce qui n'était pas son cas.) Ils ne disposaient ni de la télévision, ni des tablettes, ni de portable. On ne soupçonnait même pas que cela existerait un jour !

Au fil des années, un groupe à géométrie variable de cinq garçons, très proches les uns des autres, s'était constitué. D'autres camarades se joignaient à eux. Tous n'étaient pas collégiens. À partir de la classe de troisième, seuls deux de ces derniers étaient restés au collège, dont lui. Les autres étaient inscrits dans un cours privé enseignant la dactylographie, la comptabilité et des éléments de droit commercial. Il avait une petite amie qui fréquentait ce cours. Ils se rencontraient le dimanche. Un simple petit flirt.

À dix-sept ou dix-huit ans, l'été il leur arrivait de « tuer » un après-midi le dimanche en allant danser au *Robinson,* une sorte de guinguette avec orchestre à quelques centaines de mètres du yacht-club, sur une sorte d'île dans la verdure. Pour y accéder il fallait traverser la rivière en empruntant une barque et se haler sur une chaîne.

Ils pratiquaient l'aviron au yacht-club, dont certains étaient membres ou fils de membres. Bart avait triché sur son âge et en était devenu membre grâce à la complicité bienveillante du père de l'un de ses amis qui en était l'un des membres dirigeants. Sur la rive opposée, le très snob *Rowing club* regroupait « l'élite de Cognac ».

En dehors des entraînements pour les compétitions en yole de mer à quatre rameurs, ils pouvaient utiliser librement les canoës ainsi que les « *funny* » et les « *skiffs* » : ces derniers avec siège à coulisse avec lesquels on ramait dos à la marche. Dans tous les cas, c'était un excellent exutoire à leur excès d'énergie ! Le club était le lieu de rendez-vous de Bart et de trois de ses copains, sans que les autres en fussent exclus. C'est là que Bart fit la connaissance de deux jeunes femmes, Marie-Jeanne mariée très jeune, maintenant sans attaches cousines, de Jean-Claude, l'un d'eux, qui séjournaient dans la région. Pour des raisons qui lui échappaient, la plus jeune ne lui manifestait-elle qu'une sorte d'indifférence, pour ne pas dire d'hostilité. Peut-être ne s'était-il pas assez intéressé à elle ?

Un après-midi d'été, il avait seize ans révolus, ils décidèrent de rejoindre en canoë un endroit où ils aimaient nager dans le courant créé par un « badrat » : comprendre déversoir. Au bout d'un moment, Marie-Jeanne lui dit : « Veux-tu venir avec moi ? » Il la suivit jusqu'à un petit bosquet tout proche et ils firent l'amour pour la première fois. Ce fut une révélation. Un plaisir foudroyant. Elle diagnostiqua : « Ta femme sera heureuse ! » Il n'imaginait pas que ce fût spécialement pour son plaisir qu'elle l'avait invité. Bien que ! C'était une sorte d'initiation. Il ne mettrait pas sa main au feu que Jean-Claude, qui était en avance sur lui, ne lui eût soufflé l'idée.

Ses amis étaient moins discrets que lui sur leur vie intime : deux d'entre eux entretenaient des relations avec de jeunes femmes mariées. L'un fréquentait celle d'un aviateur. Il fut le premier à disparaître, tué dans un accident de voiture. L'autre c'est la femme d'un commerçant, ami de sa famille, chez qui il avait ses entrées et qui lui accordait ses faveurs. Absence des maris, frustration, ou tout simplement l'ennui qui suintait par tous les pores de la ville. Lui aussi est disparu depuis plus de dix ans. Trois autres : Gérard, Serge et le dernier moins proche de lui, aussi prénommé Jean-Claude, partirent passer deux jours ou trois à Bordeaux, pour aller voir les « filles ». Sans doute pour ne pas le gêner, ils ne lui en parlèrent que quelques semaines plus tard, estimant sans doute qu'il n'était pas mûr pour ce genre d'expédition et surtout sachant qu'il n'avait pas un sou vaillant en poche.

Les bals de société, celui du yacht-club ou celui de la Croix-Rouge, assez exclusifs pour ne pas dire sélects, étaient l'événement de l'année. La fine équipe y participait immanquablement. Au bal du yacht, vers la fin de la soirée, Bart dansa avec une femme dans la trentaine, peut-être moins, un professeur dont il avait été l'élève. Ils avaient parlé de Boris Vian et de jazz : « J'ai beaucoup de disques chez moi », lui dit-elle. Cécité mentale, il ne saisit pas la perche : vantardise ou pas, un garçon un peu plus âgé qu'eux s'était attribué une affaire avec elle. Il n'y pensa même pas. Comprenant *a posteriori* ce que cela signifiait, il s'en voulut de sa niaiserie. Une relation avec cette femme, facteur d'équilibre, aurait, à n'en pas douter, changé le cours de sa vie.

Peut-être le fait d'avoir été élevé par sa grand-mère jusqu'à quatre ans en raison de la guerre, et de n'avoir aucun souvenir de sa mère – qui lui avait manqué – jusqu'à ce qu'il la retrouve lorsqu'il allait sur ses cinq ans lors de l'exode en France, et le fait de son passage à l'école privée catholique (il était le seul de ses camarades à ne pas être entré au collège directement), tout cela avait-il contribué à lui donner une image faussement idéalisée de la femme.

Il s'est bien gardé d'en parler avec sa fille Élisabeth, psycho-thérapeute - psychologue clinicienne. Ouf, danger !

Il n'y avait pas de lycée à Cognac, pas plus que de mixité. Deux collèges : un pour les garçons – une ancienne caserne transformée sans trop d'aménagements – et un deuxième – un ancien couvent – pour les filles, assuraient l'enseignement de la sixième à la philo. Comme il n'y avait pas assez de filles pour justifier des professeurs d'espagnol et de philosophie dans leur établissement, on les regroupait avec les garçons. Il lui arrivait de bavarder avec plusieurs « philos » pendant les récréations et à la sortie des classes.

Quelque temps après qu'elle eut passé ses examens et ar-rêté ses études, en sortant d'une librairie, il rencontra Marie-Thérèse, une des « philos » avec lesquelles il avait sympathisé. Ils bavardèrent un moment, elle ne connaissait pas les écri-vains américains : Steinbeck et Faulkner ; puis, sur le point de se séparer, comme il n'avait pas grand-chose à faire, il lui demanda s'ils pouvaient se revoir. Elle se borna à lui dire gentiment qu'elle était fiancée et qu'elle allait se marier. Il lui souhaita beaucoup de bonheur et ils reprirent chacun leur chemin. Il y a deux ou trois ans, faisant ses achats à Cognac dans le magasin de son frère, Marie-Thérèse, maintenant une vieille dame, s'enquit auprès de sa belle-sœur du garçon qu'elle avait connu au collège :

« Ce magasin était-il à lui ?

– Non, il nous appartient.

– Voulez-vous le saluer pour moi ? Rappelez-lui mon nom de jeune fille. » Il s'en souvenait très bien. Quelque soixante-cinq ans ayant passé, qu'elle se souvienne lui fit plaisir.

Post-adolescent ou jeune adulte ? Il allait sur ses dix-neuf ans. En attendant d'entrer dans la vie active dans les mois qui suivaient, il passait son temps comme il le pouvait : faisant du sport intensément, s'ennuyant ferme et lisant énormément. Son père lisait beaucoup. C'est à lui qu'il doit d'aimer la lecture. L'épouse et la mère de son employeur lui prêtaient de nombreux livres qu'il lui laissait lire. C'est comme ça qu'à quinze ou seize ans, il eut accès à des auteurs autres que les grand classiques, comme Steinbeck, Aldous Huxley, Hemingway et autres Malraux…

Sa sœur, qui voulait aller à une soirée théâtrale au théâtre municipal avec son amie Jacqueline, l'entreprit pour qu'il les accompagne. Il accepta bien que n'en ayant aucune envie. Leurs sièges étant contigus, il y fit la connaissance de Heather, une très belle fille, une Anglaise de Manchester, fille de l'importateur d'une « maison de cognac » dont le père distribuait la marque en Angleterre. Après une licence en économie, elle avait été reçue en stage par cette société de négoce afin de lui permettre de parfaire son français et de rédiger un rapport sur le cognac. Elle était accompagnée de Britta, une Allemande plus âgée qu'eux, employée permanente au service export de la même maison. Il passait lui-même pour assez beau garçon et jouissait d'un certain charme dont il n'était pas conscient, ce qui rendait son contact naturel. Au reste, les relations entre garçons et filles étaient une chose spontanée à cette époque. Il avait dix-huit ans révolus, disons presque dix-neuf ans, elle avait presque un an de plus que lui, c'est-à-dire proche de vingt ans. Elle était grande, avec des cheveux auburn, un visage fin, une bouche bien dessinée, des yeux marron foncé, un corps de sportive parfaitement proportionné. Elle n'était ni inconsciente, ni naïve et ne manquait pas de caractère :

« Veux-tu que nous nous revoyions ? lui demanda-t-il.

– O.K., cela se peut, répondit-elle.

– Demain à six heures et demie, place François Ier, cela te va-t-il ? »

Le rendez-vous fut pris.

Comme nombre de jeunes filles en stage ou au pair à Cognac, elle aurait dû être hébergée par une institution religieuse proche du centre-ville. Faute de place, elle dut se débrouiller autrement, c'est-à-dire en louant une chambre au mois, à l'*Hôtel des Platanes*. Comme on s'en doute, le problème des finances ne se posait pas pour elle. Cet hôtel comportait une discrète entrée de service. Il était situé dans une petite rue qui aboutissait à une place plantée d'arbres et dotée de quelques bancs, devenue depuis un parking. Il avait pris l'habitude de l'y rejoindre. Le dimanche ils allaient faire du canoë au yacht, ou danser au *Robinson*. Ses amis ne cherchaient pas à la draguer ; quant aux autres, sa courtoisie glacée suffisait à les tenir à distance. Quelquefois Britta, qui semblait ne pas avoir de relation suivie avec un garçon, se joignait à eux. Le « Paris-Royan » faisait un arrêt en gare de Cognac, de même qu'une micheline. Ils en profitèrent plusieurs fois pour aller passer une journée à la mer. L'argent que Bart avait gagné en aidant son père à faire l'inventaire dans son entreprise était le bienvenu.

Ils étaient tout simplement heureux d'être ensemble, sans que cela dépasse le stade du « flirt », c'est-à-dire des baisers, et ne se quittaient plus pendant leur temps libre. Ils parlaient littérature, musique, vacances « *and so on* ». Après plusieurs semaines, un soir après avoir passé l'après-midi à se promener, il lui dit :

« Heather, veux-tu que nous fassions l'amour ?

– Oui, répondit-elle, mais il faudra que tu sois gentil, car je suis vierge.

– Si tu veux attendre, je ne t'en voudrai pas.

– Ne t'inquiète pas Bart, c'est mon choix, rétorqua-t-elle. *Let us do it.*

Elle murmura « *how large…* » et poussa un petit cri. C'était bien la première fois. Le saignement qui suivit leur union confirmait qu'elle lui avait dit vrai, ce dont au reste, il n'avait pas douté. Par la suite, ils continuèrent à se voir assidûment. La petite amie d'un des garçons, qui travaillait dans une pharmacie, leur procurait des préservatifs.

Le dernier jour de son séjour, ils ne firent pas l'amour. Ils restèrent longtemps l'un près de l'autre, puis il la laissa pour qu'elle puisse faire ses bagages après lui avoir dit au revoir, pour ne pas dire adieu. Le chauffeur de la maison de commerce où elle avait fait son stage devait la conduire le lendemain matin à la gare d'Angoulême, pour prendre le train pour Paris, où elle allait rejoindre deux de ses condisciples – elles-mêmes en stage – puis poursuivre ensemble leur chemin pour l'Angleterre. Ils éprouvaient une sincère tristesse, pour ne pas dire du chagrin. Ces deux êtres s'étaient découverts, un homme et une femme qui s'aimaient, se comprenaient parfaitement et qui auraient aimé rester ensemble. Les aléas de la vie en décidaient autrement. Ils correspondirent quelque temps, puis elle partit aux USA pour préparer un MBA. Extinction des feux.

Jusqu'à ce que Britta donne sa démission et reparte en Allemagne, Bart et elle continuèrent à se voir sur un plan purement amical. Leur lieu de travail étant distant de trois cents mètres, ils se rencontraient assez souvent et il arrivait qu'ils passent une après-midi le dimanche ensemble. Solitaire et discrète, âgée de vingt-cinq ans, elle avait vécu des moments très pénibles pendant la guerre. Il la soupçonnait d'avoir connu une déception sentimentale. Chronos ayant fait son « boulot », elle pouvait quitter Cognac et l'ambiance cognaçaise qu'elle n'aimait pas. Si elle n'était pas repartie, la nature reprenant ses droits, il est probable qu'ils auraient fini par coucher ensemble. À son retour à Cologne, elle lui envoya une carte postale.

Comme on le verra, il avait le don des rencontres improbables. Ce ne sera pas la dernière : quelques dizaines d'années plus tard, sortant du *Hemsley Palace* à New York pour se rendre au bureau d'Austin Nichols, l'importateur d'Otard, son chemin croisa celui d'une femme à la démarche assurée, élégamment vêtue, coiffée d'un bibi en feutre très mode, qui l'empêcha de prime abord de la reconnaître. Arrivée à sa hauteur, elle s'écria : « Bart ? »

Il reconnut tout de suite Heather qui était devenue une femme aboutie et épanouie, fleur devenue fruit, dans la plénitude de ses presque cinquante ans.

Animal à sang froid, il en fut néanmoins submergé par l'émotion. Posant son attaché-case sur le sol, on put alors assister au spectacle de deux quadragénaires tombant dans les bras l'un de l'autre. Elle avait les larmes aux yeux.

Elle était avocate associée à un grand cabinet international et occupait un appartement près de Central Park. Il avait un peu forci et portait un complet en flanelle gris foncé, alternative à l'un de ses incontournables costumes Prince de Galles, qui ne laissait aucun doute quant à sa forme physique. Leur emploi du temps ne leur permettant pas de déjeuner ensemble, ils envisagèrent de le faire le lendemain. Comme le lendemain matin il prenait l'avion pour San Francisco, ils se contentèrent d'un café à la cafétéria de l'hôtel, parlant de leur vie, de leurs sentiments et de leurs émotions, conscients que c'était la dernière fois que le destin les réunissait. Ils échangèrent néanmoins leur numéro de téléphone. Pris par leurs rendez-vous, ils s'étreignirent et chacun reprit son chemin en emportant avec soi ses précieux souvenirs de jeunesse.

Retour vers le passé : après le départ de Heather, Gérard, qui avait passé son permis et disposait de la voiture de ses parents, vint le dimanche suivant accompagné de deux autres copains le tirer énergiquement de sa léthargie, en lui proposant de se joindre à eux pour une sortie dans une petite ville rurale voisine, où un café dansant, *Chez Laparra*, réunissait les jeunes filles et garçons du coin. Cela paraîtra étrange aux jeunes actuels. Il les suivit sans enthousiasme. C'était le premier pas en direction d'événements qu'il ne pouvait pas anticiper.

À peu près à la même époque, un ami de son père, arrivé comme lui lors de la chute de Barcelone – qui l'avait rencontré en compagnie d'une fille – lui avait quant à lui donné ce conseil : « Ne te montre pas avec une fille que tu ne pourrais pas épouser. » Ce fut le seul conseil qu'il reçut, ni son père, ni sa mère n'ayant jamais abordé le sujet. Connaissant les parents de ses amis, il est vraisemblable qu'il en avait été de même pour eux. Seuls sa tante Marie, la cadette de sa mère, et son oncle André, chauffeur de taxi à Barcelone, qui peu d'années auparavant l'avaient taquiné, avec leur ouverture d'esprit et leur liberté de parole, l'auraient explicitement « briefé ». Il est dommage qu'ils n'aient pas été présents lorsque cela lui aurait certainement été utile.

Un homme, dans les trente-cinq ans, qui passait pour être l'ami de la mère d'un des garçons du groupe, veuve depuis des années, qui pour des raisons qui lui échappent se joignait à eux le dimanche, lui avait dit : « Bart, tu te marieras avec la première fille que tu connaîtras. » Ce ne fut pas exactement le cas, même s'il se maria très jeune pour cause d'accident, ce qui n'excluait pas un sentiment et un attachement sincères. C'était il y a plus de soixante ans !

III

Le fil rouge « *Hasard et nécessité* », cet aphorisme emprunté au titre de l'ouvrage publié en 1971 par le professeur Jacques Monod, bien qu'il traite d'un tout autre sujet, pourrait définir la ligne de conduite de sa vie.

Ce pourrait aussi bien être « *Nécessité fait loi* » comme le dit si bien Rabelais. Se projetant dans l'avenir, Bart se voyait biologiste ou urbaniste. Les expériences du professeur Rostand sur les grenouilles le fascinaient, comme au reste les travaux de l'architecte Oscar Niemeyer, dont les réalisations : le siège de l'ONU à New York, sur un terrain offert par Rockefeller et Brasilia, la nouvelle capitale du Brésil, qu'il était en train de faire naître. En Amérique, un vendeur de caisses enregistreuses avait formalisé un concept : le supermarché libre-service, qui allait révolutionner le commerce dans le monde entier. Sa théorie, liée au développement de l'automobile, était basée sur une constatation simple : « *No parking, no business !* »

Pas de stationnement, pas d'affaires. Bart allait avoir à tirer parti de cette évolution, mais il l'ignorait encore. Un abonnement à une revue qui devait s'appeler *Management* ou quelque chose comme ça, éditée par l'ambassade américaine, lui offrait une vision sur le « marketing » encore peu répandue en France, lui ouvrant de nouveaux horizons. D'où sortait cet abonnement ? Aucun souvenir !

1953 : année de ses dix-neuf ans, marque le début d'une nouvelle séquence : état d'adulte et entrée dans la vie active. Grâce à un certain niveau de connaissance de l'anglais et de l'espagnol et aux relations de son père, il obtint son premier emploi comme employé stagiaire au service export de la maison Prunier S.A., négociants en eaux-de-vie de Cognac, dont le *trademark* était « La Vieille Maison ». On peut encore voir cette vieille bâtisse moyenâgeuse dans le vieux Cognac. En fait, qu'est-ce qu'être adulte, en dehors des considérations physiologiques ? Ne devrait-ce pas être rigoureux, faire des choix, s'imposer une discipline personnelle ? Oui mais...

Plus tard, deux événements allaient l'ancrer dans sa vie d'adulte responsable :
– son mariage. Il avait renoué avec une jeune fille qu'il connaissait depuis le collège ;
– et la naissance de leur fille Véronique. Il n'est pas inutile de préciser qu'ils sont toujours ensemble, quelles qu'aient été les difficultés de la vie : deux personnes âgées qui s'aimaient entourées de la sollicitude de cinq enfants, six petits-enfants et trois arrière-petits-enfants.

Que sont devenus ses camarades ? L'éloignement de Bart lui avait fait perdre le contact avec la majorité d'entre eux. Le seul avec lequel il soit resté en relation, quoique distante, est Gérard. Né comme lui en mai 1934, marié depuis presque aussi longtemps que lui, il avait commencé comme comptable dans une des maisons de cognac du triangle de la gare, y avait été employé pendant quarante-cinq ans et fini comme directeur administratif. Quant aux autres, le sort ne leur a pas été favorable : Guy, dont il n'avait appris que tardivement le décès, est mort depuis de nombreuses années, probablement de maladie, il n'avait plus de contact avec lui. Un des Jean-Claude a été tué dans un accident de la circulation, il y a quarante ans ; ce n'est pas le même Jean-Claude dont il était proche, lui-même décédé il y a plus de dix ans. Claude, qu'il connaissait depuis son enfance, se suicida. Il ne l'apprit avec peine que six mois plus tard.

Quant à Serge, qu'il avait essayé de revoir, il n'avait pas souhaité renouer le contact. Quelques autres sont disparus des radars !

Le cognac, qui a conquis le monde entier, allait le concerner pendant plus d'un quart de siècle. Quelle est l'histoire de ce produit de luxe renommé ? L'ouvrage fort documenté *Le Cognac*, cadeau de Raymond Lacombe, vieille connaissance dont il sera question plus loin, à son retour à Cognac répond à cette question.

La plupart des peuples de l'Antiquité semblent avoir connu l'alcool, mais la découverte de la distillation serait due aux Arabes. Au retour des Croisades, les Français rapportèrent d'Orient des appareils de distillation dont s'emparèrent les alchimistes et les apothicaires. L'alcool fut étudié par le savant Arnaud de Villeneuve. Ce chimiste lui attribua en 1250 des vertus magiques, parmi lesquelles celle de prolonger la vie, d'où le nom d'« eau-de-vie ». L'alcool, véritable médicament, qu'on parfumait alors à l'aide de plantes aromatiques suivant les données des alchimistes et auquel on attribuait toujours des vertus nouvelles, finit par déborder la pharmacopée ; l'usage de celui-ci devint courant. « La distillation du vin ne semble pas s'être développée dans la région avant le commencement du XVIIe siècle. »

Son apprentissage avait commencé par des stages dans tous les services de la société : comptabilité-régie (remplacée maintenant par les douanes) – expéditions-technique dans les chais. On accolait traditionnellement le mot de « maison » au nom des fondateurs des sociétés de négoce, en général ce qu'il est convenu des grandes familles. Maintenant, ce sont pour la plupart des sociétés appartenant à de grands groupes internationaux. Le livre de Raymond participait à sa formation.

Premier succès commercial et récompense de ses efforts : un importateur aux Bermudes, en dépit d'une réponse courtoise parce qu'il représentait une autre marque déclinant leur offre, à sa surprise, leur confia dans un second temps une commande pour des présentations de luxe comportant deux verres à déguster, que la marque de cognac qu'il représentait ne pouvait lui fournir. Le lundi suivant il trouva sur son bureau une lettre du président, M. Jean Burnez, lui faisant part de sa décision de lui attribuer une commission de 0,02 % sur les commandes du secteur dont il assurait la gestion. Quelque temps après, ils reçurent une très grosse commande de Nouvelle-Zélande, avant que ce pays ne suspende les importations. La commission que lui rapporta cette commande représentait l'équivalent d'un mois de salaire. Le président avait la réputation de former les meilleurs employés de Cognac ; que les autres maisons ne se gênaient pas, à l'occasion, pour débaucher.

Allait-il partir en Amérique du Sud ? C'était à l'ordre du jour. À Guayaquil en Équateur, Prunier exploitait une société qui produisait une quantité invraisemblable de brandy à base d'alcool local, sous la marque « Goldor ». Quelques années plus tard, le président lui proposa d'y partir pour gérer cette entreprise. Il avait accepté, mais cela ne se fit pas, car John Fletcher, un Anglais qui couvrait déjà ces contrées en tant que mandataire, y détenait des intérêts et souhaita s'en occuper lui-même. Il venait de se marier dans les Îles Vierge, ou peut-être aux Bermudes. En fin de compte Bart n'en eut pas de regrets, car il était marié, avait une fille, une deuxième en devenir, et s'expatrier avec sa famille comportait des risques difficiles à évaluer. Pendant un épisode de négociations serrées, pour détendre l'atmosphère, notre ami Fletcher qui ne manquait pas d'humour, leur raconta avec le plus grand sérieux : « En venant à Cognac, j'ai traversé Rouen à cent à l'heure, poursuivi par la horde déchaînée et transpirante du Tour de France cycliste. »

Un jour que Bart avait raté un virage en moto, il se présenta au bureau le bras en bandoulière, conséquence d'une fracture du radius. Une statue de la Vierge se dressait dans ce virage.

Il faut croire qu'il ne méritait pas sa protection ! Quoi qu'il en soit, le président lui dit :

– Que t'est-il arrivé ?

– J'ai dérapé sur du gravier dans un virage.

Faux ! Il roulait réellement vite.

– Ne me raconte pas d'histoires. Quand j'étais jeune, mon père qui était colonel de gendarmerie est venu un jour me "désenrouler" d'un side-car à Royan. »

Il en profita pour l'envoyer faire un stage technique au chai.

Comme il le reconnaît, quitter cet emploi avait été une erreur et une maladresse, d'autant plus que celui pour lequel il quittait Prunier s'avéra décevant. M. Burnez, qui lui avait mis le pied à l'étrier et comptait sur lui, en fut blessé. Il est certain que s'il était resté assez longtemps, il aurait probablement été promu responsable de la totalité de l'export, son collègue plus âgé en charge des marchés les plus importants ayant lui-même quitté la société pour rejoindre la principale maison de cognac. Un ancien collègue à la retraite lui confia que Claude, son fils, devenu à son tour président, reprocha à ce dernier de l'avoir fait partir et de le laisser tomber. Combien de temps aurait-il fallu attendre ?

On reproche aux Français d'être trop cartésiens. Il n'est

pas loin de le penser. L'avenir n'est-il pas une somme de paris dont les enjeux sont cachés, ou plutôt une équation à multiples inconnues ? *Fatum* !

Après son départ de la maison Prunier, en 1960, ayant rejoint son nouvel emploi chez Bisquit, ils partirent à Jarnac. Leur nouveau domicile était rue de Condé. Cette rue tire son nom du prince Louis Ier de Condé qui fut mortellement atteint par un boulet à la bataille de Jarnac à quelques kilomètres de Bassac, où une colonne abusivement baptisée « Pyramide de Condé » commémore l'événement.

1968 : cap au nord. Du cognac à la bière : de Cognac à Lille, changement d'orientation. Rabelais avait raison. « *Nécessité fait loi* » mais il fallait néanmoins un grain de folie et du courage. Les brasseries Motte Cordonnier, dont la marque Vega avait acquis une notoriété nationale, lui confient la création du poste de chef des ventes du service grande distribution, dit « *alimentaire* » par opposition au secteur « Horeca » (hôtels, restaurants, cafés), ce qui l'amène à déménager à Lille. Quelques années après, cette société sera rachetée par les brasseries belges Stella Artois pour six milliards de francs : un grand groupe international, dont le siège est à Louvain, qui le confirmera dans ses responsabilités. Outre l'organisation et la gestion du réseau de délégués régionaux et de marchandiseurs, la négociation avec les grandes centrales d'achat restait de son ressort. Ils partirent s'installer dans cette ville, où ils vécurent mai 68 dans un hôtel du boulevard de la Liberté. Les grèves dans les chemins de fer avaient bloqué leur déménagement qui resta un mois sur les rails.

Croisant un de ses nouveaux voisins employé des Eaux, occupé à creuser une tranchée, ils bavardèrent quelques instants et il l'invita à prendre un verre à *La Gambe de Bosc*, en français : *À la Jambe de Bois*, un café tout proche. Barth *dixit* :

– J'ai l'impression que dans le Nord on travaille plus dur que dans le Sud.

– Préjugé ! Détrompez-vous, je connais le Sud et je rêve de m'y installer. Les gens travaillent autant, ils vont même plus vite : ils travaillent en souplesse, cherchant si possible à réduire l'effort et à augmenter l'efficacité, alors que nous travaillons en force, lui répondit le quidam.

C'était une clef pour comprendre la perception de ses nouveaux collègues, qui le considéraient désinvolte. Une certaine aisance naturelle, formatée par ailleurs par le style commercial requis dans le métier du cognac, produit de luxe, et confortée par les stages de psychologie de groupe auxquels il avait participé, donnait une impression de facilité, interprétée comme de la désinvolture. Il avait la capacité de s'abstraire complètement pour se concentrer sur son vis-à-vis. Cette faculté d'empathie lui facilitait grandement le contact avec ses interlocuteurs. Ils ne tardèrent pas à comprendre son mode de fonctionnement, lorsqu'au cours d'une réunion de direction il éclata de rire. Un membre influent de l'entreprise, d'un certain âge, Jean Muyl, qui occupait un poste important, s'écria : « Maintenant je te connais, je sais qui tu es ! » Dès lors il était adopté. Son fils Bernard qui travaillait lui aussi pour Motte Cordonnier et Bart étaient comme deux frères jumeaux, ils se comprenaient à demi-mot. Il était marié à une petite (par la taille) Mexicaine qu'il avait rencontrée lorsqu'il était steward chez Air France. Engagé dans la Marine, il avait fait le tour du monde à bord de la *Jeanne-d'Arc*.

Chaque région a ses traditions : pour le Nord on peut considérer qu'une grande convivialité, occasion de nombreuses

fêtes et « pots », en est la marque. Une de ces réunions infor-
melles avait été organisée dans le hall des bureaux lorsqu'il
venait de prendre son poste à la brasserie. Le président et
tous les directeurs – n'oublions pas que c'était une société de
premier ordre, cotée à la Bourse de Lille – y assistaient sans
souci du protocole. Il demanda quel en était le prétexte. Un
de ses nouveaux collègues lui expliqua que c'était pour fêter la
Ste-Catherine. Comme il s'étonnait de ne voir aucune jeune
fille ayant atteint ou dépassé les vingt-cinq ans, il lui dit à sa
surprise que dans le Nord on est Catherinette à partir de quatorze ans. Plaisanterie ou pas, il le prit pour argent comptant.

Le Nord comme l'Alsace comptait de nombreuses petites
brasseries locales. Celles-ci, comme il l'a déjà mentionné, sont
pratiquement disparues : un certain nombre de petits bras-
seurs se sont transformés en entrepositaires pour des marques
nationales ou internationales. Selon les Anciens, la légende
non vérifiée qui relève certainement plus d'une certaine vantardise que de la réalité, voulait que le « brasseur » meure des
conséquences de la célébration du culte de Bacchus ou de
Vénus, si ce n'est des deux à la fois.

La Braderie de Lille et le Carnaval de Dunkerque font partie
de la tradition de la région. Ils perdurent et attirent des centaines de milliers de visiteurs. À l'une des braderies qui avait
encore conservé son caractère authentique – il croit savoir que
cette manifestation est maintenant dominée par des professionnels – il acquit un pistolet, une « demoiselle de 1830 » en
parfait état, estampillé « Fabrique d'armes de Liège », avec une
crosse en ébène. Ce devait être le début d'une collection. En
fait c'en est resté la pièce unique. Le prix atteint par les armes
de collection ne lui a pas permis de la poursuivre. Inutile
de s'étendre sur le Carnaval de Dunkerque et son lancer de

harengs. Qui n'y a pas participé ou n'en a pas entendu parler ? Un jour, suite à une erreur de direction, ils se trouvèrent pris dans un cortège. La voiture fut passablement chahutée, mais cela s'arrangea dans la bonne humeur et ils purent reprendre leur route.

Lille était pour eux une excellente base pour visiter la Belgique. Il ne pense pas à ses déplacements professionnels au siège de Stella Artois à Louvain, mais à Bruxelles, ou Bruges pour ne citer que ces deux villes et celles plus proches de la frontière : Commines, Ypres, etc. À la belle saison il était fréquent qu'ils aillent passer le dimanche au bord de la mer – à La Panne, Ostende et autres Bray-Dunes. Ses filles purent ainsi vérifier que le Nord n'était pas synonyme d'icebergs. Une sorte de rite consistait à donner un peu d'argent aux enfants et à les laisser seuls dans une pâtisserie. La pâtisserie belge est excellente, et l'autonomie dont ils jouissaient la rendait encore meilleure. Un dimanche ils flânaient à La Panne, les enfants s'étaient éloignés, lorsqu'ils entendirent des éclats de rire. En se rapprochant, ils virent Guillaume et Rodolphe, les jumeaux, qui devaient avoir neuf ans, portant culotte courte et veste bleu marine, côte à côte, battant la mesure en tapant du pied sur les planches et déclamant à pleine voix « pam papam pam » – *La Petite Musique de nuit* de Mozart. Leur petite sœur Anne suivait elle aussi en tapant du pied. Les passants étaient sidérés. Comme ils passaient souvent cette musique à la maison – leur père était grand amateur de Mozart – ils l'avaient trouvée à leur goût.

Métier très technique, la brasserie nécessite de très lourds investissements. Cela n'en était pas moins un métier à très forte connotation épicurienne. Il n'est pas certain que cela soit toujours le cas. Tous les ans Motte Cordonnier réunissait quelque trois cents entrepositaires pour un grand « raout ». Trois d'entre eux lui paraissent particulièrement mémorables :

– Lille sous un chapiteau. Il y avait des cochons de lait à foison et les invités qui avaient eu les yeux plus grands que le ventre s'étaient tellement servis qu'on en avait retrouvé sous les tables. Des cochons bien sûr, pas des invités !

– Maison Lafitte, au château de maison où on découvrit le directeur de la filiale ardennaise endormi dans le lit de la Pompadour. Le Nôtre, bien que les convives fussent le double de ceux prévus, avait su être à la hauteur de sa réputation.

– Épernay : apéritif, presque un repas chez une des premières marques de champagne, puis souper chez une autre, avec le « hochepot » traditionnel et cela va de soi, champagne millésimé à volonté, servi par des sommeliers en gants blancs.

Après la réunion champenoise à l'invitation d'un directeur du groupe, Bart et quelque deux autres cadres, ses plus proches collaborateurs, prolongèrent leur séjour pour explorer les meilleurs restaurants, *Les Comtes de Champagne* et *Le Sept Sceaux* entre autres. Le faisan en croûte sous la plume, servi chez l'un d'eux, était digne d'une nature morte de Breughel le Vieux ou de Claude Monet.

Le directeur d'une filiale lorraine, au retour à Paris, les régala quant à lui, à la *Maison du Danemark*, d'un déjeuner typiquement scandinave, avec au menu poissons fumés arrosés de schnaps glacé et givré et pavé de renne mariné. Bart soupçonne leur ami d'avoir exercé une sorte de vengeance après s'être fait remonter les bretelles par le siège, pour une raison peut-être injustifiée, peut-être pas ! Ce jour-là ils avaient pour voisin de table Alain Duhamel. Une des nombreuses personnalités qu'il croisera au cours de sa vie.

Trois ans après leur déménagement à Lille, ils voulaient acheter un pavillon en zone résidentielle, plus confortable que celui qu'ils occupaient en location, ce qui leur aurait permis d'avoir une vie sociale plus agréable. La direction du groupe l'avait freiné. L'idée était que le département qu'il animait serait tôt ou tard transféré à Paris. Un jour, il parla à la direction de son problème afin de connaître l'option finalement retenue. Réponse « Faites ce que vous voulez ».… Afin d'éviter d'incessants voyages à Paris, pôle central de son activité et point de départ de ses déplacements en province, sans compter que cela lui permettrait d'être plus présent auprès de sa famille, il opta pour Paris. Son département fut donc transféré dans les locaux du département « Horeca » (hôtels, restaurants, cafés), rue Washington sur les Champs-Élysées, avant d'être exilé à la République. Les seigneurs de l'autre division ne supportaient pas bien les « *alimentaires* ». Ils achetèrent un pavillon avec un petit jardin planté d'arbres à Domont, idéalement situé à trois minutes du collège, de la piscine et de la gare du Nord, non loin de la forêt de Montmorency. Par parenthèse, à la revente négociée par son épouse, cet achat s'avéra une excellente affaire.

Leur fille Véronique étant de passage à Paris, il les invita elle et son épouse à la brasserie Lipp, qui était et doit encore être le restaurant où il faut être vu. Snobisme oblige ! Les présidents Pompidou et Mitterrand fréquentaient l'endroit. M. Cases accueillait les clients et selon son appréciation les acceptait, ou leur faisait savoir qu'à son regret « c'était complet. » De même, il vous attribuait une bonne place ou vous reléguait au fond de la salle. Il se présenta, ce qui entraîna la question rituelle et la réponse idoine :

– Avez-vous une réservation ?

– Ma secrétaire a dû vous téléphoner.

Bien que n'étant pas dupe de l'astuce, que par parenthèse

il avait empruntée à Jan Eskens, directeur de Stella Artois à Paris, M. Cases leur octroya une excellente place.

La brasserie de ses débuts à Armentières a maintenant été transformée en musée, renvoyée aux oubliettes de l'histoire. Les nouveaux équipements inaugurés par le ministre du Commerce M. Ortoli dans les années 70 n'y ont rien fait ! Productivité oblige. Toute la bière est maintenant brassée et conditionnée à Louvain, sous la marque Stella Artois.

Quel que soit son intérêt pour son travail, il lui paraissait important de prendre, de temps en temps, un peu de distance. C'est ainsi qu'après leur installation à Domont, ils allèrent célébrer le 1er de l'an en Autriche, à Steinach, dans le Sud-Tyrol. Ils quittèrent Paris en soirée par le Simplon-Venise-Orient-Express. Un steward par wagon veillait au bien-être des voyageurs. Le luxe de ce train n'était pas un vain mot.

Chaque compartiment, entièrement lambrissé de bois précieux, était aménagé en cabinet particulier, avec tout le confort. Pour la nuit, ce préposé venait installer le lit escamotable.

Comme il y avait une petite traînée noire, à peine perceptible sur un drap, il s'empressa de le changer, bien qu'ils jugeassent que cela n'en valait pas la peine. Le petit déjeuner était servi individuellement dans chaque compartiment. Devenu une affaire privée, ce train est maintenant un luxe hors de prix réservé à des privilégiés.

Le lendemain de leur arrivée, le thermomètre descendit à moins 20°C. Les conditions météorologiques s'étant améliorées, il leur fut cependant permis de faire de longues promenades en ski de fond, non sans essuyer une tempête de neige qui les égara dans une cour de ferme. L'habitation superbement décorée, comme beaucoup de maisons au Tyrol, occupait le premier étage, la grange, et l'écurie le rez-de-chaussée. Après une dizaine de kilomètres dans la campagne, ils s'arrêtèrent pour déjeuner dans une petite auberge. Le chauffage était assuré par un poêle à bois extérieur, de forme semi-circulaire, partie intégrante du bâtiment. À l'intérieur, les sièges étaient disposés en arc de cercle autour de celui-ci, face à la table de même forme. Les clients prenaient place, côte à côte, sans cérémonie. Le menu consistait invariablement en une côte de porc accompagnée de choux, purée de pommes de terre et purée de pommes, le tout arrosé d'un pichet de vin blanc, et pour dessert un chausson aux pommes. Après ce traitement, il devenait assez ardu de parcourir le chemin du retour. On appelle cela le syndrome des jambes coupées.

Cette escapade terminée, il fallait reprendre le collier, à commencer par un déplacement en Bretagne. Le taxi qui le prit en charge en gare de Brest fit le tour des hôtels, qui étaient tous complets. Il faut avouer qu'il avait négligé de faire une réservation. Même essai infructueux dans les agglomérations voisines : une foire aux jambons et aux fleurs plus un congrès de l'UNR avaient saturé toutes les disponibilités. Le chauffeur, un jeune homme accompagné d'un énorme berger allemand trônant sur le siège avant, pointant le doigt vers le compteur qui indiquait quarante kilomètres, lui dit :

– Mon oncle tient une boîte rue de Siam. Il dispose d'une chambre inoccupée depuis le décès de sa fille. Si vous voulez, je peux prendre le risque de lui demander de vous héberger : soit il acceptera, soit il me jettera dehors.

– D'accord, essayons, rétorqua-t-il, bien que craignant un piège et que cela lui coûte cher, connaissant la réputation sulfureuse de la rue de Siam. Il attendit dans la voiture. Le garçon revint presque aussitôt. Son oncle était d'accord. Ils entrèrent et leur offrit un « pot », bavardant avec l'oncle qui se montra très aimable. Comme il était brasseur et qu'il avait appris qu'il collectionnait les chopes, il lui proposa de lui en faire envoyer quelques-unes. Une épaisse tenture rouge foncé séparait le bar d'une salle d'où sourdait de la musique. Jazzy ou musette, il ne saurait le dire. Deux marins au bar, un peu intimidés, lui expliquèrent en s'excusant qu'ils avaient passé deux mois sans descendre à terre à bord d'un pétrolier et qu'ils avaient besoin de parler. Il les laissa parler un moment, non sans leur avoir payé une tournée, puis le neveu lui montra la chambre. Elle était très propre et bien insonorisée.

Comme il devait s'absenter, le patron lança au barman : « demi-tarif ». Bart le retint une seconde :

– Combien vous dois-je pour la chambre ?

– Donnez-moi trente francs ! Il lui tendit une clef : Demain matin nous nous levons tard. Vous n'aurez qu'à fermer et mettre la clef dans la boîte aux lettres.

Ce prix dérisoire, autant que cette preuve de confiance inhabituelle, particulièrement dans ce genre d'établissement, le touchèrent. Il le remercia vivement, et dès son retour à Paris il lui fit envoyer une collection de chopes.

Il avait eu de la chance de s'en tirer aussi bien. Il apprit que plusieurs hommes d'affaires avaient été obligés de solliciter le commissariat de police pour ne pas passer la nuit dans la rue. La gare, quant à elle, était fermée. Le lendemain matin il traversa le bar dans un grand silence, rendit la clef comme prévu et partit pour Perros-Guirec où il devait participer à un colloque organisé par le magazine *LSA*, à l'hôtel *Trestraou et de la Plage* où il sympathisa avec deux jeunes hommes : le directeur et le directeur des ventes de la société Kit et Cat, aliments pour chiens – deux garçons qui n'engendraient pas la mélancolie. Ils avaient commencé leur carrière comme vendeurs et se targuaient d'avoir dégusté quantité de cet aliment pour convaincre les clients de l'excellence de leur produit. Il est convaincu que c'était leur plaisanterie favorite.

Le souper fut une orgie de langouste. La serveuse qui s'occupait de leur table les ayant pris à la bonne, grâce aux deux lascars, les servait largement et ne rechignait pas à repasser le plat.

Ils s'étaient promis de se revoir. Malheureusement, comme c'est souvent le cas, ils n'en trouvèrent pas l'occasion.

Son métier le mettait en contact avec de nombreuses personnalités. Il voulait en outre qu'il participe à un certain nombre de colloques réunissant producteurs et distributeurs d'envergure nationale et internationale, principalement des Belges et des Hollandais. Le professeur Grosser fit une conférence éblouissante à Paris. À l'occasion d'une autre conférence, M. Séguéla qui venait de publier un livre sous le titre : *Ne dites pas à ma mère que je suis dans la publicité. Elle me croit pianiste dans un bordel* s'y tailla un franc succès.

Le directeur de Paridoc Xavier Guérin, qu'il rencontrait fréquemment, orateur dans une autre enceinte, qu'il félicitait pour sa prestation, lui fit remarquer : « Les Français, à qui l'on reproche d'être trop cartésiens, sont capables de dire clairement en un quart d'heure ce que les Hollandais mettent deux heures à exposer, en usant d'une rhétorique filandreuse et amphigourique. » Le croisant quelques années après, alors qu'il avait quitté Stella Artois, celui-ci lui dit : « Vous avez donné le meilleur de vous-même, et maintenant tout cela est perdu. »

Une promenade sur les Champs-Élysées, par temps doux en dehors des heures de pointe, était un plaisir dont il pouvait jouir sans s'éloigner de son bureau, à une centaine de mètres de la célèbre avenue et non loin du drugstore *Publicis*. Cela ne sera plus le cas lorsqu'il aura été exilé près de la place de la République. Il fait référence au vrai drugstore *Publicis* avant son incendie, avec son décor faussement colonial : les animaux empaillés, le tromblon accroché au mur et Johnny Hallyday arrivant en salopette, un sac de plombier en bandoulière, tandis que le haut-parleur réclamait périodiquement Mme Bleustein-Blanchet et Brigitte Bardot au téléphone. Telle était l'ambiance. Il y déjeunait de temps en temps. Ce jour-là, le repas fut particulièrement convivial. Réunion improvisée. Les tables étaient proches les unes des autres. Par une espèce d'osmose, quelqu'un lança la conversation. On les rapprocha pour permettre à deux clients, plus un de ses contacts commerciaux et lui-même, de communiquer en toute simplicité. Ce groupe improvisé comptait en outre un député, une avocate, tous anonymes et qui allaient le rester, bien qu'ils se soient attardés après le repas autour d'un verre de cognac.

Corse, terre de paradoxes, pour laquelle il a une certaine tendresse ! M. Proust, un entrepositaire de la brasserie à Avignon, qui servait la Légion étrangère à Corte, avec qui il faisait le tour de l'île pour leurs affaires communes (en plein mois de mai ils avaient trouvé le col de Visionna complètement enneigé), lui avait fait connaître M. Aïqui. Ce vieux monsieur avait acquis une certaine réputation pour ses soldats de plomb faits main, reproduction exacte de l'épopée napoléonienne. Peu de temps auparavant, la télévision australienne était venue l'interviewer. Il lui en avait acheté sept ; son compagnon de route qui en faisait collection et alimentait celle-ci chaque fois qu'il venait dans l'île en prit une bonne douzaine. Les siens paradent toujours dans la grande vitrine du salon. Bien qu'ils aient médiocrement supporté l'épreuve du temps, presque cinquante ans après, ils n'en feraient pas moins le bonheur de nombre de collectionneurs. Leur hôte leur expliqua que son nom était la traduction de « aïcus », « cavalier » chez les Romains, et qu'il était probablement le descendant de l'un d'eux. De même, il leur montra un sabre ayant appartenu à un lointain cousin, médecin de Louis XIV. Puis d'histoires en légendes, il en vint à décrire, avec une précision extraordinaire, un mirage dont il avait été témoin : une ville africaine avec ses palais et ses minarets.

Le colonel commandant de la Légion les reçut très aimablement et leur fit visiter sa caserne.

— Proust et lui se connaissaient de longue date. Ils l'invitèrent à déjeuner. À cette époque les esprits étaient assez exaltés. Il les remercia et leur expliqua qu'il ne pouvait pas les accompagner à cause de l'uniforme. Il nous renseigna obligeamment un restaurant dans la montagne. À leur grande surprise, c'était un vrai repaire d'indépendantistes, l'entrée était ornée de deux drapeaux à la tête « maure » croisés. Deux compères qui élevaient des moutons, à la table voisine, parlaient de sortir le fusil si on « les cherchait. » Au moment de payer, on refusa de leur donner l'addition. Elle avait été payée par téléphone !

Le mercredi 5 décembre 2012 on annonçait le décès à cent deux ans d'Oscar Niemeyer, qu'il avait déjà évoqué au début de ce chapitre et simultanément à quatre-vingt-douze ans celui de Dave Brubeck, rendu célèbre par ses morceaux *Take Five, Blue rondo à la Turque, etc.,* musique chère à ses oreilles. Ces deux personnages avaient marqué sa jeunesse. Bien des années auparavant sa bonne étoile lui avait permis d'assister à un concert donné par Dave Brubeck à l'opéra de Seattle. Il avait commencé, avec son ensemble de jeunes musiciens, par déstructurer une messe pour l'amener au bout d'un quart d'heure au point de rencontre du « free jazz » et de la restructurer pour finir au point de départ. Il fit ensuite venir sur scène les vieux musiciens qui furent ses complices au début de sa carrière et continua le concert avec eux. Lui qui n'avait rien à prouver accepta avec beaucoup de gentillesse de se prêter à quatre ou cinq rappels.

Nouvelle orientation : à l'issue de la période nordiste, après sa démission de Motte Cordonnier Stella Artois et avant de revenir à Cognac à la maison Otard, il avait rejoint le Pain Jacquet, premier groupe français de panification, comme directeur commercial et marketing. Emploi qu'il ne devait pas conserver très longtemps. L'organisation très structurée, avec quatre directeurs de division, et l'omniprésence du président ne justifiaient pas ce poste. Si son information est exacte, il ne fut pas reconduit après son départ. Il doit au reste admettre qu'il n'était pas de taille à le créer de toutes pièces dans ces conditions. Cette société sponsorisait des courses au large. Outre l'approvisionnement en pain de mie longue durée, elle apportait son concours à ces courses sous diverses formes. Pour la Transat en double par exemple, Jacquet offrait cinquante louis d'or au premier qui virerait la bouée des Bermudes.

En 1978 : le premier Tour de France à la voile en monotype-compétition, créé par Bernard Decré, partait de St-Malo. C'est à cette occasion qu'il fit sa connaissance. Le règlement de cette course comportait un changement d'équipage à chacune des vingt-cinq villes étapes. Lors de l'édition 1979, il eut la gentillesse de lui obtenir pour son fils Guillaume un embarquement pour l'étape Boulogne-Le Havre. Celui-ci en revint transformé en statue de sel !

Bernard Decré a coécrit avec Jean Michel Gagné un livre

concernant le Tour de France qu'il lui a amicalement dédicacé. Un récent reportage à la télévision le montrait lancé depuis plusieurs années à la recherche de *L'Oiseau Blanc*, l'avion de Nungesser et Coli perdu près de Terre-Neuve, avec des moyens considérables, peut-être même avec l'appui de la Marine nationale. Le Tour de France à la voile, la Transat en double, la Route du rhum et le Triangle des Bermudes furent l'occasion de rencontrer nombre de navigateurs, d'hommes politiques et de futures vedettes du journalisme : M. Soisson, ministre des Sports, le directeur du *Point* et Georges Pernoud (tout jeune homme qui devait devenir le producteur et animateur de l'émission télé « Thalassa » pendant vingt ans.) Il a décroché fin 2017, ainsi qu'Étienne Mougeotte, futur directeur général de TF1.

Les photos où Bart figure immortalisent la remise des récompenses aux vainqueurs de ces épreuves :

– Cinquante louis à l'équipage Éric Tabarly-Marc Pajot, vainqueurs de la Route du rhum.

– *idem* à Joël Charpentier au titre de « Courage et Endurance » où il arriva cinquième à Pointe-à-Pitre, sur son vieux *Wild Rocket*.

– Olivier Moussy, vingt et un ans, skipper de *Révolution* dans le Triangle atlantique : St-Malo/Fort de France/St-Malo, se voyait attribuer vingt-cinq louis pour son excellence sur plusieurs aspects de cette compétition. Au fil des courses, pour s'être porté plusieurs fois au secours d'un autre navigateur en difficulté, Moussy avait gagné le surnom de saint-bernard des mers.

Très regrettablement personne n'était là pour le sauver le jour où il disparut en mer. Pas plus que pour Joël Charpentier

et son chien toujours ferme sur ses pattes à la proue de son bateau.

L'une d'elles montre Bart, micro en main au stand de France Inter, et deux journalistes pour l'interview en direct à laquelle il participe. On distingue des concurrents de dos, qui à l'époque étaient des figures incontournables de ces compétitions, qu'on ne peut clairement identifier : Olivier de Kersauson ? Florence Arthaud ? et bien d'autres.

Plus tard, le monde de la voile eut à déplorer la disparition d'Éric Tabarly, tombé de son *Pen Dick* près de la côte galloise, dans la nuit du vendredi 12, 1998.

Force est de constater que les courses au large n'ont plus rien à voir avec cette période héroïque. Les colossaux progrès, tant techniques que sécuritaires, les performances des bateaux et les capitaux investis sont sans commune mesure.

« On dit que l'habit fait le moine. » Ils se trouvaient à Marseille, un de ses adjoints chez Stella Artois, Daniel Mutelle, et lui, avec un peu de temps disponible. Ils portaient tous les deux le classique blazer St-Laurent bleu marine et le pantalon gris clair – à l'époque uniforme des yachtmen et des commerciaux. Il lui proposa d'aller voir le bateau qui devait porter les couleurs de la France à l'America's Cup. L'entrée du chantier était sévèrement gardée. Illustration *a contrario* de ce dicton : ils y pénétrèrent et s'y promenèrent à loisir, sans que personne ne se pose de questions. Comme ils étaient deux, leur apparence les avait fait confondre avec des officiels. Ils auraient aussi bien pu être des espions de la concurrence.

Retour aux origines à Cognac : pendant quinze ans, avec un intermède de onze ans dans la brasserie et un court passage dans la boulangerie industrielle, son métier a consisté à commercialiser une « eau-de-vie » mondialement appréciée : le cognac. Rien ne laissait prévoir qu'il reviendrait à ce métier pendant presque dix ans, en 1980, quand la maison Otard lui offrirait le poste d'*export manager* pour les pays de langue anglaise et espagnole : de Reykjavik à Athènes, de New York à Bogota, et pour finir la création et l'animation en tant que président de sa filiale aux USA.

Le château de Cognac – château François Iᵉʳ, en réalité château des Valois où le roi était né – abritait le siège et les chais de cette société. Le bureau de Bart, au premier étage, donnait sur la terrasse qui domine la Charente.

Mort à l'âge de cinquante-deux ans d'une maladie imputable à Vénus, contaminé par la belle ferronnière, on lui attribue la phrase (peut-être apocryphe) : « Souvent femme varie/ Bien fol est qui s'y fie » qui paraît fort incongrue venant de la part d'un coureur de jupons notoire et impénitent. Gaillard de deux mètres, il avait l'habitude de « forcer le sanglier » et de les achever à la pique dans la cour du château alors entouré de forêts. Il n'en reste que le parc de Cognac d'une cinquantaine d'hectares.

Ombre et lumière : Le Roy, propriétaire de ces lieux en son temps, ami des arts et des lettres et réputé « Père de la Renaissance » avait attiré en France Cellini et Léonard de Vinci, ce dernier étant enterré à Amboise, très précisément au clos Lucé. Au reste, on lui doit la fondation du Collège de France, connu sous le nom de « Collège du Roi ».

Les historiographes le disent grand admirateur de François Villon. Au reste, il avait chargé Clément Marot, son valet de chambre en 1533, un siècle après la naissance de l'énigmatique « clerc de la basoche ou coquillard ? » de restituer son œuvre originale. Apprenant que Jean de Bonnot, éditeur d'art à *L'Enseigne du canon*, disposait d'un seul et unique exemplaire de cette œuvre, il en formalisa immédiatement la commande. Ce volume relié en cuir fauve avait été imprimé en 1969, avec une encre mélangée de poudre d'or qui lui donne des reflets dorés. Contrairement à l'habitude, il lui demanda de le régler d'avance.

Face obscure du roi chevalier : l'alliance contre nature entre le « Roy très chrétien » et le « Grand Turc musulman » obnubilé par son duel féodal avec Charles Quint – en vérité, une curieuse alliance et une tragique erreur géopolitique – qui mit en péril la chrétienté occidentale du XVIe siècle et facilita l'installation musulmane dans les Balkans jusqu'en 1918, sans compter l'état lamentable des finances de la France.

Du côté opposé à l'école St-Joseph déjà mentionnée, rue Madeleine dans le vieux Cognac, on trouve la maison de sa nourrice, réputée lorsque Bart fréquentait cette école être le siège d'une et même de plusieurs loges maçonniques. À la jonction de cette rue et de la rue de l'Île-d'Or, on trouve la Maison de la lieutenance, superbe maison à colombages et têtes sculptées qui tire son nom du fait que le lieutenant général de Cognac y logeait au début du XVIIe siècle. Tout au long de cette rue subsistent une série d'anciens hôtels particuliers, ainsi qu'une ancienne échoppe de perruquier, et rue Traversière, contigu à l'ancienne halle, un ancien estaminet du XVe. On imaginera facilement la vie intense qui devait y régner.

À la recherche d'un importateur aux USA, où les bouleversements économiques leur avaient fait perdre le leur par un enchaînement dont il ne se souvient plus – était-ce M. Domenech de Mexico, qui lui avait fourni une introduction ? Était-ce les gens de Baccardi à Miami qui avaient fait la liaison ? Bart, dynamique et ingénieux, se démenait beaucoup. Le fait est qu'il fut reçu par M. Custillas, président de ce groupe, à son siège à Nassau, aux Bahamas, une personnalité de premier plan. C'était un homme très aimable, d'un abord très simple, attitude que l'on n'aurait pas attendue d'un responsable de ce niveau. Il lui fit les honneurs de leur immense installation, distillerie comprise. M. Custillas avait accepté une invitation à Cognac pour y rencontrer le président d'Otard. Peut-être avait-il une idée derrière la tête. Finalement cette visite n'eut pas lieu. Ce n'est que dix ou quinze ans plus tard que Baccardi en deviendra propriétaire. Chronos lui avait joué un tour à sa façon. Imaginons un instant que le groupe Baccardi en soit devenu propriétaire au bon moment. Que serait-il advenu de lui ? Promu ou éliminé ? Pourquoi pas la première branche de l'hypothèse ?

Pour le moment, toujours en poste à Cognac, il rendait visite à leur importateur en Grèce. À l'aéroport d'Athènes, un préposé aux passeports lui avait posé la question rituelle – au reste plutôt sur le mode affirmatif qu'interrogatif au vu de son patronyme – qui entraînait la réponse idoine :

– Vous êtes grec ?

– Non je suis français, catalan d'origine.

– Peu importe, je vous trouve une tête de Grec.

Bart, qui n'avait pas envie d'en discuter, laissa la paternité de cette affirmation à ce fonctionnaire, influencé, comme beaucoup, par la consonance de son patronyme. C'était au reste une appréciation gratuite ; ses amis anglais à qui il raconta l'affaire lui dirent en riant qu'en dépit de ce patronyme, il pouvait passer aussi bien pour un Français que pour un Anglais.

En arrivant chez Otard, il retrouva Raymond Lacombe qu'il avait connu en 1953, chez Prunier. Curieusement, sa carrière de maître de chai l'avait conduit successivement chez les trois mêmes maisons de cognac que lui : Prunier, Bisquit et Otard, ce qui ne va pas sans créer une certaine complicité. Il lui rapporta que M. Paul Ricard, président fondateur du puissant groupe qui porte son nom, lui avait dit : « Votre ami Bart a fait une bêtise, je lui aurais fait un pont d'or. » Dans l'ignorance où il était des négociations pour le rachat de Bisquit par ce groupe, il avait manqué une opportunité majeure, sinon unique.

Il est une autre coïncidence dont il se serait bien passé : Gérard Vanderstraeten, qui était délégué régional de Stella Artois pour la région Nord-Pas-de-Calais lorsque lui gérait le département grande distribution de ce groupe, étaient amis. Raymond Lacombe lui apprit au retour de l'un de ses voyages que « Vander », ainsi qu'ils l'appelaient, qui avait été licencié après vingt ans de présence pour cause de réorganisation, avait pris un bureau de tabac dans le quartier St-Jacques à quelques centaines de mètres de son bureau. Il était très proche de Michel Iffnecker « Iff » ou le « Grand » comme il avait été surnommé en raison de sa taille, lui-même responsable du secteur sud-ouest. Il est clair qu'« Iff » s'était démené pour lui trouver ce commerce.

Leur départ pour les USA les avait un peu éloignés. Un jour où ils étaient allés fêter les quatre-vingt-dix ans de sa tante Lucie à Barcelone, il pensa brusquement à VDS. Bart déclara à son épouse qu'il faudrait qu'il prenne de ses nouvelles. En arrivant chez eux, il eut la très désagréable et triste surprise de trouver dans leur boîte à lettres le faire-part de son décès. Il revenait juste à temps pour assister à ses obsèques.

Mme Vanderstraeten lui dit qu'il était mort d'un cancer du pancréas et qu'il valait sans doute mieux qu'il ait succombé à un œdème du poumon dans les six mois, car cela lui avait épargné d'inévitables et terribles souffrances. Comme il est inimaginable que « Iff » n'ait pas assisté à ses obsèques, il en avait déduit que lui-même était disparu. Son fils, rencontré récemment par hasard, lui confirma qu'il était décédé depuis vingt-cinq ans. Raymond est lui-même disparu depuis quelques années, alors à la retraite – comme lui-même au reste – M. de Ramefort, sachant qu'ils étaient amis, lui avait téléphoné pour lui faire part de son décès. Il est lui-même décédé. Vivant seul, Raymond s'était suicidé. Thanatos ne se laisse pas oublier.

Août 1980 : premier voyage en Amérique, en vacances avant de prendre quelques mois plus tard son poste chez Otard. Le programme était : New York, Washington, Boston et Cape

Cod. La première impression en arrivant à N. Y. fut une espèce de sidération et de vertige. Les gratte-ciel provoquaient une sensation d'écrasement. Il ne se souvient pas de la manière dont ils avaient programmé ce voyage. Le fait est qu'ils n'avaient fait aucune réservation. Il fallait être naïf et passablement inconscient pour imaginer chercher un hôtel en arrivant à N. Y.

À l'aéroport, il avisa une rangée de téléphones destinés aux passagers à la recherche d'un hébergement. Il en décrocha un et appela. Se méprenant sur sa nationalité, une préposée lui répondit en espagnol. Elle lui proposa un hôtel dans leurs prix : *Le Victoria*. Un hôtel correct de style presque européen, un peu vieillot, bien situé dans Manhattan. Quelques années après, passant dans la rue où était le *Victoria*, il s'aperçut qu'il n'existait plus. À la place, un nouveau gratte-ciel était en construction. À l'évidence, ce genre de performance ne serait plus possible de nos jours. Quatre ou cinq jours suffirent pour visiter la ville : Broadway – Greenwich Village – Staten Island – Time Square, le quartier chinois et Little Italy, sans oublier Staten Island et la statue de la Liberté. Ils n'allaient pas tarder à découvrir un aspect imprévu de l'Amérique. Un hold-up était en cours sur la Madison Avenue, en plein jour, face au Madison Square Garden. Ils sortaient du magasin où il venait d'acheter un stylo lorsque de la boutique contiguë surgirent en courant deux hommes, l'arme au poing. Les passants s'esquivaient au plus vite, tandis que les agresseurs s'enfuyaient, en semant sur le trottoir des billets de banque qui s'envolaient au vent. Inutile de dire qu'ils prirent la tangente sans attendre la suite. Cet épisode semblait directement sorti d'un film des années cinquante. Pour un début, nous étions servis… L'Amérique des films d'Hollywood et des gangsters existait encore, bel et bien !

Poursuivant leur périple, ils prirent l'avion pour Washington et Boston ; de là un bateau les conduisit à Cape Cod. Dès que le bateau eut quitté le quai, le bar ouvrit et un orchestre commença à faire danser les passagers. Ils accédèrent à Cape Cod par une longue jetée en bois où étaient amarrés des bateaux de pêche. Cet endroit, lieu de vacances renommé, est resté marqué par ses origines, bien qu'ayant acquis une réputation qui ne concerne qu'une minorité, principalement de sexe masculin. Myles Standish et ses puritains, les « Pilgrim Fathers du Mayflower » abordèrent en 1620, non loin sur le site de la ville de Provincetown et fondèrent à Plymouth Rock la première colonie en Nouvelle-Angleterre.

Pas de taxi en vue. Partis sans réservation selon leur discutable habitude, la seule solution était de traîner leurs valises jusqu'au Bureau du tourisme, pratiquement au bout de la jetée, où de solides jeunes femmes en ciré jaune s'activaient à décharger des caisses pleines de homards. On les y renseigna un habitant qui louait des chambres. Après s'être assuré de la disponibilité de cet hébergement, le responsable de l'Office de tourisme leur en indiqua le chemin.

Cette maison se trouvait non loin du port, dans une très longue rue qui suivait le rivage. Cape Cod, comme son nom l'indique, avait été fondée par les pêcheurs de morue, dont pas mal de Basques. C'était une coquette maison en bois du XVIIe siècle, très confortable, qui inspirait une sorte de bien-être. Elle appartenait à un homosexuel discret et très cultivé, qui passait de la musique classique en permanence. Une note dans la salle de bain recommandait de ne pas prendre les serviettes pour aller à la plage, mais de lui en demander une. Ils respectèrent la consigne. À leur surprise, il leur donna un grand couvre-lit. L'atmosphère générale était très détendue, avec quelque chose de suranné. La Nouvelle-Angleterre avait conservé l'empreinte de la Vieille Angleterre.

Deux mois après, Bart devait débuter chez Otard et retourner à N. Y. – *Big Apple* – la Grosse Pomme, cette fois pour les affaires. Le programme de son insertion dans la société exigeait son introduction auprès de leurs principaux importateurs et agents, auxquels le président souhaitait le présenter. C'est ainsi qu'ils visitèrent ensemble Édimbourg et Londres, Barcelone, Turin et Milan, Montréal, New York et Mexico. Espagne–Islande–Italie–Suisse–Royaume-Uni–Portugal–Chypre pour faire court ; en fait tous les pays de langue anglaise et espagnole, sans compter l'Afrique du Nord, faisaient partie de son secteur. L'Amérique en faisait aussi partie. Il ne sera délocalisé en Floride qu'en 1983. Bart se pose la question :
– Pourquoi n'avait-il jamais visité aucune des deux parties de l'Irlande : « Eire » ou Irlande du Nord ? Pas de réponse !

C'est par Édimbourg, parce que c'était le siège des brasseries Scottish & Newcastle (futurs acquéreurs d'Otard avant qu'ils le cèdent à leur tour à Baccardi) qui distribuaient ce cognac au Royaume-Uni, qu'ils commencèrent leur tournée. Londres, où la direction de la branche distribution se trouvait, fut leur deuxième étape. Ils furent invités chez *Christofer's*, le plus ancien marchand de vin de Londres, qui leur appartenait, où un déjeuner fut servi dans leur salle à manger particulière, réservée aux grandes occasions. Outre les directeurs de S&N et de Christofer's, du président et lui-même, plusieurs journalistes participaient à ce repas. On y dégusta à l'aveugle plusieurs vins. Vint le tour d'une vénérable bouteille, dont chacun eut ce qu'il faut pour le déguster, mais pas plus. Personne n'en devina ni l'origine, ni l'âge. Il s'avéra que c'était un Château Margaux 1890. Au retour le président, qui lisait un journal anglais, lui dit : « On nous a offert une bouteille à mille livres. » Il venait d'en voir une enchère chez Sotheby's.

Dans la famille frayeur, il demande la carte avion. Monter dans un avion est se mettre entre les mains du destin. Ils avaient pris passage, le président et lui, sur un vol Londres-Édimbourg par le très pratique « *shuttle* ». À Édimbourg, la piste enneigée était verglacée. Après un atterrissage manqué, le pilote, tentant le tout pour le tout, « remit la gomme plein pot » et réussit à poser l'appareil au deuxième passage – le président lui dit qu'ils avaient eu de la chance que le pilote soit un as, car une fois sur deux ce genre de manœuvre échouait et c'était le « crash » assuré. Il s'y connaissait bien en aéronautique. Au reste, il pratiquait le vol à voile. Glisser dans les airs, dans le silence absolu, procurait un sentiment de plénitude, de paix et de bien-être, lui avait-il confié. Il éprouvait lui-même ce sentiment sur son bateau, par vent établi, sous le soleil de la Méditerranée, la grand-voile amarrée à la barre, un cap sans dévier d'un degré, la petite musique fluide de l'eau sous la coque.

Pour ce qui est du Royaume-Uni, les accords existant avec la brasserie Scottish & Newcastle ne nécessitaient pas une prospection approfondie, mais surtout des visites de courtoisie afin d'entretenir de bonnes relations avec les directeurs et les représentants. Ayant invité quelque vingt d'entre eux, leur avion, un « Branair », appareil brésilien surnommé le camion du désert, atterrit à Cognac. En raison de sa trop récente arrivée, ce fut un collègue qui se chargea de l'organisation, de l'hôtel au restaurant à Bordeaux. Croyant bien faire, il réserva le souper dans un restaurant à la mode spécialisé dans la cuisine moderne : filet de caille cru au vinaigre et tout à l'avenant. Le fait est que ces solides gaillards allèrent compléter ce repas, par trop spartiate, par un hamburger chez McDonald's. Comme ils allaient visiter des châteaux le lendemain, l'avion les reprit à Bordeaux.

À Londres, où le président et lui étaient invités par la brasserie Whitbread, on leur fit visiter les écuries appartenant à cette brasserie, qui y logeait les chevaux utilisés pour livrer (il y a encore peu) les fûts de bière au moyen de grandes charrettes à quatre roues. Maintenant elles hébergent les chevaux de la police londonienne.

Dans la foulée, leurs pas les menèrent en Suisse, où par la suite il rencontrerait plusieurs fois par an le responsable des ventes de leur importateur (M. Vogel, qui par ailleurs était avec son frère propriétaire d'un vignoble à flanc de montagne où la vendange était remontée au chai par un ascenseur.) La société qui les représentait appartenait au grand fabricant de tabac de Suisse, Rinsoz & Ormond, qui produisait les « mécarrillos » et autres cigares, dont M. Ramseier était le directeur général. Pendant un congrès de l'Igeho à Bâle, comme ils étaient amis, ils se présentèrent ensemble au concours de dégustation, chacun dans son isoloir. En trichant un peu, soulevant le rideau, ils avaient tous les deux obtenu le diplôme de « bon connaisseur en eaux-de-vie ». Depuis ce jour, tous les ans pour Noël, ce dernier lui envoyait une boîte de cigares.

À l'occasion du symposium annuel du *duty free* – ventes hors taxes – à Berne, le président s'était joint à lui. Il ne sait pas pour quelle cause l'avion de ligne qui devait les conduire n'était pas sur le tarmac. Problème mécanique probablement : cinq cadres de maisons de cognac étaient comme eux bloqués à Bordeaux. L'un d'eux, le fils Royer, avait vu atterrir un petit avion et se précipita sur le pilote dès qu'il eut franchi la porte pour lui demander de nous emmener à Berne. Dénégation énergique du pilote. Il n'avait pas le droit de repartir le soir même. Sous la pression réunie des sept, et moyennant finances, il accepta de les y déposer. Le vol fut désagréable, l'avion n'était pas bien pressurisé, et il y régnait un froid de canard.

Le temps de déposer leurs bagages à l'hôtel, ils partirent à la recherche d'un restaurant. Manque de chance, à Berne, tous les restaurants, y compris celui du casino, fermaient à neuf heures. Apercevant une enseigne brillamment illuminée, Bart, dont l'estomac criait famine, y entraîna le président. Arrivés sur place, ils découvrirent un restaurant dont les vitrines étaient décorées de danseuses. Pourquoi celui-ci était-il ouvert ? Il ne se posa pas de questions inutiles, comme à son habitude. Le principal était de résoudre le problème. Le président ne voulait pas entrer, pensant que c'était un cabaret. Il lui dit qu'il voulait souper et que s'il ne voulait pas y aller, libre à lui de retourner à l'hôtel. Ils entrèrent ; ce n'était qu'un restaurant et à leur grande surprise, ils découvrirent que la salle était pleine à craquer de confrères.

L'Islande, pour sa première visite, en dehors de paysages extraordinaires (volcans, chute d'eau gigantesque avec un débit supérieur aux chutes du Niagara, geysers) et de l'accueil amical de leur représentant qui lui fit visiter le pays et l'invita à déjeuner chez lui, ne lui laisse pas un souvenir inoubliable.

La route entre l'aéroport et Reykjavik distant de soixante-dix kilomètres, traverse un désert lunaire ; au reste les astronautes américains l'avaient utilisé comme terrain d'entraînement pour leur vol sur la lune.

Premier avatar, Icelandair, qui n'assurait que quelques vols par semaine *via* Londres, avait égaré sa valise. Il ne la retrouvera que lors de son retour à Londres. Il lui fallut acheter tant bien que mal des vêtements de rechange, son séjour dépendant du calendrier des vols.

C'était en juin, pendant les mois du soleil de minuit. Il n'y avait que neuf hôtels, qui appartenaient tous à cette compagnie aérienne. Les fenêtres n'avaient pas de contrevents et les rideaux relevaient du symbole. À trois heures du matin, il faisait jour comme à midi et tout le monde était dans la rue. Inutile d'essayer de dormir. Après les six mois de nuit permanente, la déprime fait place à l'euphorie.

Dans le début des années quatre-vingts, le niveau de vie des Islandais était un des plus élevés du monde et nombreux étaient ceux qui partaient en vacances vers le soleil, en particulier vers les Canaries. La conscience de vivre sur un volcan conditionnait leur identité et leur philosophie face à la vie. Parlons vrai, c'est-à-dire une certaine notion de précarité de l'existence et une grande liberté de mœurs.

Du point de vue des affaires, ce marché comptait peu. L'alcool y était très réglementé et géré par un monopole d'État, qui importait et distribuait les spiritueux. Le rôle de l'agent se borne à assurer la liaison avec cet organisme et à visiter les hôtels, le magasin hors taxes, et peut-être l'intendance de l'énorme base stratégique américaine, bien qu'il en doute, ainsi que les quatre points de vente appartenant au monopole. Cela a dû changer depuis ce temps, compte tenu des évolutions libérales dans le monde entier et du « boom » économique qui avait précédé la crise de 2008. Bart se dit qu'il avait eu le privilège de connaître une Islande authentique qui n'existait plus : la base américaine a été fermée et le pays s'est totalement remis de la crise de 2008. Aujourd'hui, fin 2017, Reykjavik continue à se couvrir d'hôtels.

C'est en effet le tourisme qui est maintenant le moteur de la richesse nationale. Le nombre de visiteurs, qui a été multiplié par cinq en quinze ans, devrait atteindre deux millions, et l'aéroport de Keflavik pourrait accueillir dix millions de passagers en 2018.

Dormir était mission impossible. Il n'y avait pas de télévision dans les chambres. Bart se dirigea vers le bar. Seul le bar des hôtels pouvait servir de la bière et des spiritueux, et il n'en est plus certain : peut-être bien que ce n'était qu'une seule fois par semaine, le jeudi. Le comptoir était saturé, principalement par des hommes ; la mixité était équitablement répartie dans la salle où pratiquement toutes les tables étaient prises. Il en trouva une libre. Deux jeunes femmes sans affèterie mais bien habillées qui venaient d'arriver lui demandèrent si elles pouvaient prendre les places non occupées. Il acquiesça. Il ne voyait pas de quel droit il aurait refusé. C'étaient des fermières qui élevaient des chevaux dans le nord de l'île, clientes de passage à l'hôtel, qui n'avaient rien de rustique. Ils entamèrent la conversation en anglais, parlant de Paris, des Canaries et de l'Espagne où elles allaient tous les ans.

Bart remarqua un groupe d'hommes au bar qui le dévisageait ouvertement, sans aménité. Deux d'entre eux se levèrent et avancèrent vers eux, ceux du bar semblant prêts à intervenir. Devant leurs regards hostiles, comme il ne voulait pas d'histoires, sans précipitation, prétextant un coup de téléphone à donner, il décida de ne pas s'attarder.

Comme il se levait pour partir, le voyant déplier son mètre quatre-vingts, ses quatre-vingt-cinq kilos et sa carrure athlétique héritée de la pratique intensive de l'aviron – son costume prince de Galles, seul vêtement dont il disposait après la perte de son bagage, l'avantageant – les firent hésiter. Assis, sa constitution le faisait paraître plus petit.

Les deux femmes, désolées de l'agressivité des deux ivrognes qui manifestement avaient l'intention de s'asseoir à leur table, lui dirent : « Ne vous inquiétez pas, nous savons parler aux animaux. »

Il leur dit au revoir et précisa :

– En fait je préfère regarder la télévision dans le salon.

Avant d'atteindre la porte, il les entendit régler la question en deux mots qui claquèrent comme des coups de fouet. Les deux individus n'insistèrent pas et retournèrent au bar continuer à s'alcooliser. Elles lui sourirent et lui firent un signe de la main.

Autre monde. Les USA. Marché aux multiples facettes, chaque État ayant ses règles et sa personnalité propre. Pour sa première visite en tant qu'export manager, le président vint avec lui pour l'introduire auprès de leur distributeur, 21 Brands Inc., à N. Y. Le directeur, en compagnie d'un autre membre de la direction, les invita à déjeuner au *21,* un restaurant successeur d'un fameux « *speakeasy* » du temps de la prohibition, le *21 Club*, dont ils étaient propriétaires.

Le *21* était encore dans son jus. Depuis, après avoir été cédé, il a été rénové, ce qui lui a fait perdre beaucoup de son charme. Comme il pleuvait, notre hôte s'empara du parapluie du portier et leur en fit cadeau. Le président ne souhaitant pas s'en encombrer, Bart en hérita et l'a conservé. Son gendre, un peu par snobisme, le lui emprunte pour aller jouer au golf.

En 1983 on a célébré les cinquante ans du « *repeal* », c'est-à-dire l'abolition de la loi prohibant l'alcool. Rappel amusant, en 2012, ce restaurant est apparu, sur Arte si je ne m'abuse, dans un reportage à propos de cet anniversaire. L'époque était à la concentration à tous les niveaux, 21 Brands fut racheté par un grand groupe et ils perdirent leur importateur. En dépit de son avis défavorable – parce que la société considérée, qu'il ne nommera pas, n'avait pas la surface nécessaire – elle fut choisie néanmoins par le président, pressé de trouver un importateur. Cela se termina au reste par un procès.

Il avait connu John Slavin à N. Y. à cette époque, et ils s'étaient liés d'amitié. Il gravitait dans la sphère de la distribution des spiritueux. À lui seul une page d'histoire, illustration du mythe du rêve américain, archétype de l'émigrant du début du XXᵉ siècle. À quatre-vingts ans, il était capable de vous raconter les épisodes de sa vie et les péripéties de la vie américaine jusqu'à deux heures du matin. Il est sûrement décédé, car il serait âgé de plus de cent dix ans. Il finissait toujours ses repas par un morceau de pain.

Son histoire telle qu'il la raconte est incroyable : « *Juif russe, ma famille, à l'exception de ma mère, avait été exterminée par les cosaques, victime des pogroms des années 1900. Elle m'avait sauvé la vie en me cachant dans le four à pain. J'émigrai avec elle en Amérique à l'âge de sept ans. Comme elle était illettrée, c'est moi qui tenais ses comptes et faisais ses chèques. Après avoir exercé divers petits métiers, je réussis à devenir avocat. Pendant ma jeunesse, lors de la prohibition, je fus le comptable d'un* « bootlegger » *au nom historique, Renfield. Celui-ci devait devenir après l'annulation de cette loi en 1933, le* « repeal », *un des grands distributeurs de spiritueux, légal et officiel. Par parenthèse, la prohibition a été à l'origine de nombre de grandes fortunes. Mes voyages à bord de "runabouts" ultra-puissants, chargés d'alcool, de Cuba à la Floride, faisant éventuellement la course avec les douanes, pourraient figurer dans un des films hollywoodiens. Key West n'est qu'à environ cent quatre-vingts kilomètres de Cuba. John, qui lui parlait d'un litige avec une relation d'affaires, s'exclama : "Autrefois ça ne se serait pas réglé comme ça !" L'allusion était assez claire. »*

À New York, le président et lui avaient l'habitude de descendre au *Waldorf Astoria*. Cette fois il était seul et devait poursuivre son voyage vers Mexico. Souvenir douloureux s'il en est : il se tordit le pied dans l'escalier qui menait à la cafétéria et se fit une entorse. Cela lui valut de rester deux jours, le pied sous la glace, aux petits soins du personnel. Ses interlocuteurs américains lui firent remarquer un peu tard qu'il aurait dû déposer une plainte : selon la loi, la responsabilité de cet accident incombait à l'hôtel et ouvrait droit à une indemnité.

Sans rapport avec son accident, le *Waldorf* fut fermé pendant pratiquement plus d'un an pour rénovation. Quand il rouvrit, le traditionnel orchestre dans la mezzanine reprit sa place, comme si de rien n'était. Ils l'avaient remplacé par le *Hemsley Palace*, l'ancien archevêché de N. Y., gouverné d'une main de fer par Mme Leona Hemsley, qui veillait personnellement à la qualité de l'accueil et du service. Alternativement, ils logeaient au *Hilton*, au *Sheraton* ou au *Grand Hayat*, standing oblige.

Il n'avait pas encore été délocalisé à Miami. Cette fois ils étaient descendus au *Sheraton*. Le président, qui l'accompagnait souvent (bien que l'utilité de ce duo soit contestable, mais il aimait voyager avec lui en raison de son sens de l'organisation et sa nature rassurante et efficace) lui avait confié qu'il s'ennuierait sans ça. Sur le vol N. Y.-Paris, l'orchestre de Dizzy Gillespie au grand complet, se rendant au Festival de Juan-les-Pins, occupait une trentaine de places. Le bassiste en avait deux pour son instrument afin de le protéger du froid de la soute à bagages. Le percussionniste, quant à lui, s'était acharné sur sa batterie pendant la majeure partie du vol, bien que le steward lui ait demandé de respecter le repos des autres passagers. À l'arrivée, le décalage horaire, additionné à la nuit blanche, les avait transformés en zombies.

Autre voyage, autre séquence. C'était au début de l'automne, sa saison préférée… Ils étaient logés au *Hilton*, cette fois. Après souper, le président déclara que la journée avait été longue, qu'il était fatigué, et proposa que chacun rejoigne sa chambre. Bart, qui n'avait pas une vocation de moine sybarite, obtempéra néanmoins. Au bout d'un moment, il descendit au bar où un pianiste entretenait une ambiance détendue. Surprise, le président y était accoudé, espérant sans doute une bonne fortune. Hypothèse hasardeuse, car son apparence de comptable fatigué et triste aurait découragé les meilleures volontés. Bart était outré par tant de mauvaise foi. S'il avait eu envie de se distraire, il eût été plus courageux d'en parler avec lui et leurs amis américains. On lui aurait sans doute expliqué que ces grands hôtels ne toléraient pas les « *call girls* », pour le dire ainsi, et que le cas échéant, ils les expulsaient, non sans les avoir photographiées. Il y avait des endroits plus festifs, ne serait-ce que les clubs de jazz de Greenwich Village. Après lui avoir confié qu'il ne trouvait pas le sommeil et vidé son verre, le président retourna dans sa chambre. Bart, qui communiquait facilement, lia conversation avec un steward et une hôtesse de l'air canadiens, Jonathan et Lotte, et ils vidèrent quelques verres ensemble. Au moment de se séparer, Bart proposa :

— Je vous offre le dernier pour la route ?

— Merci, répondit Jonathan, j'ai du sommeil en retard et il est préférable que j'aille me coucher. Lotte s'adressant à Bart lui dit :

– Nous sommes le 5, demain je ne vole pas, je vais pouvoir faire la grasse matinée. Il décoda très vite le message : le cinq octobre, en chiffres, se traduit par 510.

Point n'était besoin d'être sorcier pour comprendre que c'était le numéro de sa chambre. C'était une brune piquante…

New York, ville monde où chacun est chez lui. Non loin du *Hilton*, dans une rue adjacente, il découvrit un restaurant japonais, exigu et ultra-traditionnel : le bar avec ses sièges séparait la minuscule salle des fourneaux où officiait un cuisinier tout aussi typé, le front ceint d'un bandeau blanc. Il y concoctait de délicieuses soupes japonaises.

Un client indiscutablement japonais, costume noir, chemise blanche et cravate aussi stricte, y pénétra. Le cuisinier s'adressa à lui en japonais. Confus, celui-ci lui répondit qu'il était né en Amérique et qu'il ne comprenait pas cette langue.

Près de la Cinquième Avenue, illustration du cosmopolitisme de N. Y., on trouvait le *Gallager* irlandais : immense salle où on choisissait sa pièce de viande attendue à point dans de larges vitrines réfrigérées, puis un restaurant argentin où les clients s'attablaient face à d'énormes grills où des quartiers de bœuf grésillaient, ou encore le *Beniana of Tokyo* pour son « *fish and turf* » langouste et viande. Les cuisiniers, au centre de ce que l'on pourrait appeler un comptoir, table ovale en inox, traitaient pour chaque consommateur les portions à leur goût, à leur exact degré de cuisson, en exécutant une sorte de gymnastique au terme de laquelle les portions, toutes égales, atterrissaient directement dans l'assiette de chacun. Environ quatorze ou quinze personnes. Détail important, la hotte aspirante de la table centrale de cuisson éliminait la moindre fumée et odeur.

Quelque temps après, revenant de Los Angeles avec le président, ils atterrirent à Newark au New Jersey, en correspondance pour J.F.K. Pour une modique somme, on leur proposa le transfert par hélicoptère. Le survol de Manhattan à moyenne altitude est un spectacle et une expérience uniques. C'est un peu comme un plan géant étalé sous leurs yeux, mieux en trois dimensions, la carte de la presqu'île : l'Hudson et l'East River, avec l'impression de louvoyer entre les gratte-ciel.

En 1983 son expatriation en Floride fut décidée pour la commodité de son activité commerciale. La création d'Otard of America, sur le conseil de leur avocat américain, qui était aussi celui de Renault, en fut la suite logique afin de protéger la société mère des aléas d'une éventuelle procédure. On disait qu'aux USA il y avait autant d'avocats que de cafés en France. Ce fut aussi lui qui proposa qu'on le nomme président et CEO (l'équivalent de PDG), un peu contre son gré, craignant que le président n'en prenne ombrage. Ce dernier ne pouvait cependant être sans risque les deux à la fois. Sa zone d'activité couvrait en outre le Mexique, l'Amérique centrale et du Sud.

Le président et le contrôleur budgétaire avaient une vision optimiste du marché américain en pleine évolution – rachat des importateurs par les grands groupes de spiritueux – et citaient en exemple un concurrent qui venait d'y expédier six containers, ce qui l'agaçait un peu. Après un certain laps de temps, peut-être six mois, pour des raisons qui lui échappent, que ce soit pour non-respect des règles ou insolvabilité de l'importateur, ces containers étaient toujours à quai et finirent par être vendus aux enchères par la douane.

Les USA sont, comme on le voit, un marché extrêmement difficile pour les marques ne disposant pas des énormes budgets publicitaires déployés par les *leaders*. N'ayant pas l'habitude de se poser trop de questions, après avoir analysé la situation et établi un plan, il partit à l'assaut de ce marché tant convoité.

– La première étape consistait à purger le marché. Dans le passé, une malheureuse tentative pour importer le cognac en fût et l'embouteiller sur place avait altéré l'image de la marque.

– La deuxième consiste à obtenir l'enregistrement auprès du *BATF* (Bureau of Tobacco, Alcohol and Fire Arms) et des instances de chaque État. L'Union compte cinquante États.

Cela donne une idée de l'énormité de la tâche, d'autant plus que la législation est labyrinthique. Certains États sont soumis au système du monopole ; d'autres, comme le Kentucky, sont des États secs. Au Texas, les restaurants ne peuvent pas s'approvisionner directement auprès du distributeur. Ils sont tenus de se fournir chez les « Liquor Stores ». Ses fonctions allaient l'amener à parcourir la plupart des États et à y négocier des accords de distribution, en liaison avec l'importateur national.

Floride, le « *Sunshine State* » : État où le soleil brille est bien conforme à sa devise. C'est aussi, il faut le dire, le pays des ouragans. La plage où se trouve le *Sunrise Hotel* où il réservait une chambre pour le président avait déjà été reconstruite une fois avec des millions de tonnes de sable, en attendant que le prochain « *hurricane* » ne la déménage une nouvelle fois. À la fin de la guerre de Corée, le gouvernement installa des vétérans dans les keys : chaîne d'îles jusqu'à Key West, à cent quatre-vingts kilomètres de Cuba, en leur octroyant une maison, certes modeste, et un lopin de terre. Il en existe encore quelques-unes. Un couple franco-américain de nos amis en avait racheté une et y vivait. Sous la pression de la demande de terrains à bâtir, les vétérans firent par la suite une très bonne affaire en vendant leurs habitations.

En arrivant à Miami, ils se lancèrent depuis le *Holiday Inn* à la recherche d'un appartement avec l'aide de Lourdes, l'épouse de Jorge, dont il sera question plus tard. Ils en louèrent un à Key Biscayne, nom dérivé de celui d'un chef sioux « *Biscochino* » – en fait un « *Mikosukee* ». Il fallait franchir le pont Rickenbaker à péage, qui reliait cette île à la terre ferme. Une plaque annuelle assurait le libre passage aux résidents. À l'extrémité de la Brikell Avenue s'étendait le Crandon Park. Pour l'anecdote, en automne, à l'entrée de ce dernier une pancarte indiquait « *mosquitos are bad* » : les moustiques sont mauvais. Un plaisantin avait rayé « *bad* » et remplacé par « *very bad* », très mauvais.

Plus au nord, sur la partie continentale, les Everglades couvrent une partie de la Floride du Sud, partiellement marécageuse en raison de la très faible pente d'écoulement des eaux du lac *Ococheebee*, qui au reste alimente en eau douce la ville de Miami. C'est le repaire des alligators, de toutes sortes de serpents, des tortues et aussi de la trentaine de panthères de Floride survivantes. Si, vous y promenant, vous entendez des cochons grogner, méfiez-vous : ce sont des alligators. Au bord d'un petit lac, un alligator d'à peine un mètre cinquante l'avait convaincu de sauter sur l'une des tables prévues pour le pique-nique, pour échapper à ses manifestations d'amitié. Les alligators debout sur leurs pattes courent très vite. En guise de vengeance, ils allèrent déjeuner dans un petit restaurant tenu par d'immenses et fortes Indiennes, peu bavardes, habillées de longues robes noires, qui accommodaient de délicieuses queues de bébé alligator. Le goût et la texture se situent entre le veau et la langouste. Les Indiens, jusqu'en 1960, venaient à Miami vendre leurs produits et acheter leurs provisions, armes et munitions en canoë par l'Indian River. Une visite au village *Mikosukee*, en fait une véritable réserve autonome, avec son musée et sa boutique de souvenirs, son « show » avec les alligators, s'imposait à tout visiteur, et il se pliait volontiers à ce rite. Il y conduisit donc son président.

Un jour cependant, fatigué de servir de guide pour cette excursion, il s'était endormi sur un banc, sous une paillotte en face de l'entrée, en attendant le retour des amis ou parents qu'il accompagnait. Un chien était venu se coucher à ses pieds et paraît-il grognait lorsque quelqu'un s'approchait. Il a toujours eu une relation privilégiée avec les chiens.

Parlons requins. Son épouse se baignait sur la plage qui borde leur immeuble, lorsque quelqu'un du haut d'une fenêtre se mit à crier « *sharks* ». Six ou sept requins patrouillaient non loin de là. Un requin n'est jamais seul. Inutile de préciser qu'elle s'empressa de regagner le sable de la plage. Un autre jour, marchant sur le bord de la même plage, l'attention de Bart fut attirée par ce qui semblait être un tronc d'arbre : soudain il se mit à rouler sur lui-même et foncer vers le large. C'était un énorme requin aventuré trop près du bord.

John Robinson avec qui il pratiquait le tir : sport très populaire en Amérique, au *Dade County Shooting range* : Pas de tir officiel, l'avait emmené boire un verre dans un bar comme on en voit seulement dans les westerns. C'était une construction en bois, adossée à une rangée d'eucalyptus géants. La salle était décorée de cornes de bœuf et de quelques vieilles affiches de films, un coin bar et un billard. Près du bar, un ancien écriteau défraîchi, vestige d'une époque révolue, invitait à déposer ses armes à la caisse. Quelques hommes, probablement des cow-boys, y buvaient tranquillement leur bière. L'élevage est une ressource importante de la Floride. Il fallait être un véritable Floridien pour connaître cet endroit. Existe-t-il encore ? John, originaire du Vermont, lui avait dit qu'il possédait neuf revolvers et pistolets et qu'il souhaitait en vendre quelques-uns. Sachant que chaque complexe immobilier hébergeait un représentant du FBI, et ne connaissant à vrai dire pas sa profession, il imagine qu'il pouvait être celui affecté au leur. Mais peu importe ! Ils étaient amis.

Le rassemblement d'une vingtaine de « *bikers* » portant le blouson noir traditionnel, assis sur leur énorme Harley Davidson et attendant que leurs camarades les rejoignent à l'entrée du stand de tir, bien que n'ayant rien à craindre d'eux, était impressionnant.

À ce propos, devant la recrudescence des agressions endémiques, en partie après l'arrivée des « *marielitos* » expulsés de Cuba par Fidel Castro, la possession d'une arme dans la voiture, d'une manière apparente, avait fini par être rétablie. La détention d'une arme, légale dans le Dade County, était soumise à un minimum de formalités (trois jours d'attente ou quatre-vingt-dix jours après leur arrivée pour les nouveaux résidents), ce qui était son cas puisqu'il était admis aux USA sous la protection de la clause « *Treatee Trader* », c'est-à-dire entrepreneur. Il y a peu de chances que cela soit différent actuellement. Ultérieurement, après son retour en France, il apprit que le port d'une arme sur soi avait été autorisé. Remarque : pour les Américains en général, un calibre inférieur au 38 spécial est une plaisanterie. Soyons sérieux et parlons d'un 357 ou d'un 44 magnum, avec lequel on peut accessoirement aller à la chasse dans les Everglades.

Un jour pris en chasse par une voiture avec quatre occupants, au retour de l'aéroport – route devenue dangereuse (jusqu'à ce que les autorités décident d'abattre les haies et les arbres qui la bordaient et d'y installer un éclairage) – vous aviez des chances de recevoir un pavé dans le pare-brise et d'être détroussé. Il se saisit de son 357 Smith&Wesson, prêt à toutes les éventualités. Bart, garçon très gentil, pouvait devenir effroyablement rapide et décidé si les circonstances l'exigeaient, ce que voyant, la voiture qui roulait en parallèle accéléra et disparut. Remarque incidente : les douanes ayant saisi un lot de pistolets automatiques Beretta, qui furent proposés au chef de la police, celui-ci refusa l'offre : « Il y a déjà assez de bavures avec nos revolvers six coups, alors avec des automatiques… »

Miami, comme New York, est une grande ville cosmopolite, une ville monde qui compte pratiquement cinquante pour cent d'émigrés récents. Métro aérien, bâtiments futuristes et quartiers typiques, la « Calle Ocho », domaine des Cubains, lui donne un caractère inhabituel. Son port est fréquenté par nombre de bateaux de croisière. C'était le port d'attache du *France* devenu *Norway*, maintenant parti à la casse. Les somptueuses villas des milliardaires et des célébrités n'ont cessé d'y proliférer. Les mauvaises langues disent qu'un certain nombre de celles-ci ont été payées avec l'argent destiné à la lutte contre les « contras » au Nicaragua. Le président Nixon avait la sienne à Key Biscayne.

Dans les années vingt, la haute bourgeoisie de la côte est aimait venir y profiter du soleil. Au début des années quatre-vingts, Miami Beach était encore le domaine des vieux retraités juifs new-yorkais, plutôt modestes. Le coût de la vie y était nettement plus bas qu'à N. Y.

En dépit de son internationalisation, un racisme latent persistait. À l'entrée du *Country club* cubain luxueusement aménagé avec piscine, tennis et restaurant, où Jorge Garrido les avait invités avec son épouse (cet endroit n'était fréquenté que par des Cubains de la classe aisée), une pancarte indiquait que c'était un lieu privé interdit à deux catégories de personnes que la décence interdit de citer et qui n'étaient pas celles auxquelles on a tendance à penser. L'une d'elles, qui ne concerne pas les immigrés, pourrait surprendre. Les Wasp, Américains blancs, n'ont pas beaucoup d'estime pour les hispanics, terme générique qui désigne les immigrés mexicains et ceux d'Amérique latine, mais il ne s'agissait ni d'eux, ni des Noirs. À noter que les Cubains ne se considèrent pas comme des « hispanic ».

Jorge était un financier qui employait un certain nombre de « *traders* ». Un beau matin, ayant pris une mauvaise option sur les fonds d'État du Brésil, il but un bouillon et du jour au lendemain licencia ses collaborateurs, vendit ses ordinateurs et ferma ses bureaux. Cela ne l'empêcha pas de se relancer ultérieurement.

Tout récemment, en avril 2013, Tom Wolfe a publié un livre, *Bloody Miami,* « Miami sanglant ». Cela fait penser au cocktail « *Bloody Mary* » à base de jus de tomate et vodka !
Il achètera cet ouvrage par curiosité, bien que ce Miami soit probablement très différent de celui qu'il avait connu. La critique littéraire résume cet ouvrage de la manière suivante :
« *L'argent, le sexe, le racisme, la course à la célébrité, Tom Wolfe fait de la Floride le théâtre des tensions et des passions de l'Amérique. Petite chronique de la haine solaire, qualifiant Miami de ville-monde, n'ayant de nord-américain que le culte du dollar.* »

Miami a néanmoins su préserver un côté festif, qui n'a rien à voir avec le sinistrement alcoolisé « *spring's break* » où les étudiants viennent se défouler pour les vacances de Pâques. Le Festival de la salsa, calle Ocho, ou le Carnaval bahamien en sont deux exemples.

La Convention IAA.D.F, à Miami Beach, avait été l'occasion d'inviter à souper deux amis : Jorge Golstein était basé à Milan et Jo Russo III – c'était brodé sur ses chemises – vivait aux Îles Vierges. Hébergés tous les deux au *Hilton Beaulieu*, ils étaient venus ensemble dans la voiture du second. Après le souper et un dernier verre de XO, nos amis, qui semblaient s'être un peu tassés, se préparèrent à partir. Jorge (ne pas confondre ce Jorge, italo-argentin, avec Jorge le Cubain) préféra prendre un taxi. Il sembla à Bart préférable que John, qui s'endormait, ne conduise pas. Ils décidèrent que Rodolphe, qui était avec eux – bien que n'étant pas titulaire du permis américain, il avait néanmoins un permis international – le conduise avec sa voiture et qu'il les suive pour le ramener. Tout se passa pour le mieux. À minuit passé, un nombre impressionnant de policiers sécurisaient le parcours Miami Beach, Key Biscayne.

La recherche d'un importateur de rechange pour Otard les avait conduits, le président et lui, en Californie où ils devaient rencontrer la direction des « Christian Brothers » dans la Napa Valley. Ces derniers disposaient d'une puissante société de distribution dont le nom lui échappe. (Les Christian Brothers sont une congrégation religieuse qui utilisait le produit de ses vignobles et de son activité commerciale pour financer des écoles.) À la fin des années quatre-vingts, ils les vendirent et se retirèrent des affaires.

Habituellement ils descendaient au *Nob Hill N°1* sur la hauteur de San Francisco, un hôtel select et cher. Il lui arrivait, lorsqu'il était seul, de préférer un hôtel plus petit, le *Miyako*, dans le Japan Center, à Little Tokyo, quartier japonais de cette ville protéiforme, qu'un de ses interlocuteurs lui avait recommandé. Cet hôtel confortable et bien fréquenté était plus typiquement japonais que ceux où il séjournerait plus tard à Tokyo ou Osaka. Des parois coulissantes en papier dissimulaient les fenêtres, ainsi que la salle de bain.

Le quartier chinois proche, plus vrai que nature, rappelle au visiteur l'importance, pour le développement de « Frisco », des coolies chinois qui avaient participé en nombre à la construction du chemin de fer. Le film *Chinatown* avec Jack Nicholson et Faye Dunaway avait pour décor ce quartier. Le dernier séisme, alors qu'il était de retour en France, le détruisit en partie et mit à mal l'East Bridge, le pont qui relie San Francisco à Oakland sur l'autre rive de la baie.

Pour respecter la tradition, il emmena le président boire un bourbon au *Maltese* dont le nom a servi de titre au film culte *Le Faucon maltais*, précurseur des films noirs des années quarante, par John Huston, avec pour vedette Humphrey Bogart. Dashill Hammet aurait écrit le livre dont fut tiré le scénario de ce film dans ce bar, et des scènes y auraient été tournées.

Retenus à « Frisco », ils firent, en bateau le tour d'Alcatraz, la célèbre prison désaffectée.

Le président filmait avec sa caméra depuis deux jours. Comme Bart s'étonnait de ne jamais le voir la recharger, il s'écria : « Merde, je n'ai pas de film, ma caméra est vide ! » Et il lui emprunta son appareil photo, ce qui lui valut des photos meilleures que celles qu'il aurait prises lui-même. Il avait conscience de n'être qu'un médiocre photographe. Il avait lu que cet endroit devait être transformé en hôtel ou en parc. Cela reste à vérifier, car il y avait plusieurs projets en concurrence.

Dans la cour du shipchandler qui importait des marchandises en suspension de taxes, pour l'avitaillement des navires, à Oakland, les balanciers des deux pompes d'un puits de pétrole s'activaient à quinze ou vingt mètres des bureaux. Spectacle incongru. Il est vrai qu'aux USA il ne faut s'étonner de rien.

Le marché du hors taxes, le « *duty free* », avait pris avec le développement des voyages d'affaires et du tourisme une importance considérable. Trois manifestations d'importance mondiale, le Duty Free Shop Symposium, la Convention du WSWA (Wine & Spirits Wholesalers of America) et Vinexpo mobilisent tous les ans, dans des villes différentes, le gratin des professionnels des vins et spiritueux :

– Aux USA, le WSWA s'est tenu à N. Y.- Reno-Chicago, etc.

– Le Duty Free Shop Symposium se déroule principalement en Europe, toujours en octobre. Malaga, Monte-Carlo, Cannes et Montreux ont successivement accueilli cette manifestation. À cela s'ajoute l'IAA.DFS à Bal Harbour-Miami Beach.

Malaga-Torre Molinos fut le premier symposium auquel il participa en octobre 1980. Rencontre improbable : Son Excellence le Sheikh sultan Kalid Al-Qassimi, propriétaire du magasin hors taxes de l'aéroport de Sharjah, leur rendit visite à leur stand. C'était un homme jeune, très affable. Bart était arrivé chez Otard depuis un peu plus d'un mois. Il supposa qu'un membre de la société avait dû établir un contact à un certain moment. Toujours est-il qu'il lui laissa ses coordonnées, y compris son téléphone. Ce pays ne devait pas appartenir à sa zone d'activité telle qu'elle fut définie, et il n'eut pas l'occasion de le revoir. L'usage était de rassembler toutes les cartes de visite en vue de leur exploitation ultérieure.

Vinexpo se tient toujours à Bordeaux, même si d'autres versions ont été répliquées dans diverses parties du monde. Il eut le plaisir d'y revoir M. Schramberg, réputé produire le meilleur vin, dit « champagne californien », qui y exposait dans le pavillon californien (cette désignation est maintenant interdite.) Ils lui livraient de l'esprit de cognac. Celui-ci l'avait reçu à Calistoga, dans la Napa, où il lui avait fait visiter ses caves creusées dans la roche et, non loin de là, une forêt d'arbres géants pétrifiés par l'irruption du volcan du mont St-Hélène.

La Convention IAA. DFS., à N. Y., lui avait fourni l'occasion de revoir John Slavin. Cette convention se tenait dans l'un des derniers étages du World Trade Center ; le dernier était occupé par un restaurant toujours complet. On sait qu'il en est advenu de ce centre commercial. Bart, son épouse, l'opérateur du Duty Free Shop de Hawaï et lui avaient déjeuné au rez-de-chaussée, dans un restaurant italien face au studio de télévision entièrement vitré. La brochure des Twin Towers assurait : « *The closest some of us will ever get to heaven* » : Le plus près du ciel que certains d'entre nous atteindront. Qui pouvait prévoir la tragédie du 11 novembre 2001 ?

John l'avait invité à souper à New York, dans un restaurant célèbre, où il avait été reçu avec beaucoup d'égards. Quelque temps après, ils y retournèrent à son invitation. Sur son conseil, il donna un pourboire de dix dollars au maître d'hôtel, en sus du pourboire au serveur. Il crut comprendre que le patron, un Italo-Américain qui possédait une ferme dans le Nord de l'État, dont il utilisait les produits pour son restaurant, était un personnage influent dans son milieu. Quel milieu ? Bart y retourna plusieurs fois. L'accueil exceptionnellement amical qui lui était réservé l'avait surpris. Il pense que les dix dollars que John l'avait incité à donner étaient plus destinés à le faire identifier qu'à récompenser le service. Le nom de cet établissement et celui de son propriétaire lui sont sortis de la tête. Cela lui confirma que John était lui aussi, ou avait été, une sorte d'éminence grise, pour ne pas dire plus, encore respectée.

Toujours est-il qu'un jour, il lut dans le *New Yorker* (le magazine préféré de son épouse) que le propriétaire d'un restaurant renommé de N. Y. avait été abattu sur le trottoir, devant la porte de celui-ci, d'une balle de 22 long rifle dans la tête. Le crime était signé, y lisait-on. La description qui en était faite et la photo de l'établissement lui donnèrent à penser qu'il s'agissait bien de la personne à laquelle il fait allusion.

En 1986, ils se sont retrouvés à la Convention du WSWA à Reno. Réunion immortalisée par des photos à table en compagnie de John Slavin, des collaborateurs de leur importateur, ainsi que du président, de Jorge Garrido et Antonio Ramirez, le colonel vénézuélien. John exerçait une activité d'interface administrative, tant les règles pour les spiritueux étaient complexes. L'alcool placé sous le contrôle du *BATF* (Bureau of Tobacco l'Alcool et and Fire Arms), est classé « *sin product* », ce que l'on pourrait traduire par produit coupable/péché, vestige du puritanisme américain.

Cette convention se déroulait au *MGM Hôtel*, un grand complexe avec, outre le casino grand comme un terrain de football, des milliers de machines à sous et toute la gamme des jeux, quatre restaurants et autant de salles de conférence. Dès l'arrivée à l'aéroport, on était accueilli par des rangées de machines à sous. Un immense parking était réservé aux camping-cars des retraités en provenance de tous les États de l'Union. L'hôtellerie était bon marché, l'objectif étant d'attirer les joueurs.

Territoires et littérature : profitant de l'occasion offerte par leur rencontre à Reno, ils avaient, quelques amis et lui, décidé de ne pas se limiter au Nevada et de poursuivre leur exploration de l'ouest vers le Colorado. L'objectif était entre autres le Grand Canyon. Constatant le faible débit du fleuve Colorado, qui contrastait avec les lacs proches de son cours supérieur, ils apprirent que l'eau était devenue rare et saumâtre en raison de son utilisation intensive pour les besoins de l'agriculture et la production d'électricité, avec pour circonstance aggravante les faibles chutes de neige. En bout de course, le fleuve n'est plus qu'un mince filet d'eau. Depuis 1998, il n'atteint plus régulièrement la mer de Cortez, et cela seulement à l'occasion de lâchers d'eau par la retenue en amont. Ainsi se trouve vérifié l'avertissement de « Sitting Bull », le grand chef indien (1831-1890), comme le rappelle une plaque commémorative :
« *Quand la dernière rivière aura été empoisonnée, quand le dernier poisson aura été pêché, alors le Visage Pâle saura que l'argent ne se mange pas.* » Il remercie Bernie, un écologiste qui se bat pour la préservation de la nature, à qui il doit cette citation.

Passant d'un État à un autre : Montana-Floride-Texas-Nevada et ainsi de suite, il lui paraît intéressant de confronter sa perception de ceux-ci à celle des autochtones et à l'usage qu'en ont fait de grands écrivains américains, qui se sont attachés à rendre leur passé vivant ou à en traduire la singularité.

Le Montana avait conservé un fond d'honnêteté simple. Un jour, dans une cafétéria, il s'était arrêté pour prendre le petit déjeuner qu'il avait été obligé d'oublier, faute de temps. Il était pressé, les distances dans cet État sont facilement sous-estimées et il craignait de ne pas être à l'heure pour son rendez-vous. Sa commande n'arrivant pas assez vite, il se servit dans la partie libre-service. La serveuse lui fit un drame parce que ce qu'il avait consommé était cinquante centimes meilleur marché que la commande initiale, et elle ne savait pas comment gérer la situation. Un jeune cow-boy, voisin de table, récemment rentré de Floride, lui expliqua qu'il avait eu de la peine à s'adapter au style de vie et à l'ambiance de cet État et qu'il avait eu hâte de revenir au Montana.

Dans cette région, les écoliers parcourent soixante-dix kilomètres pour se rendre à l'école en quad et les gens laissent leur porte ouverte sans crainte. Avec un million neuf cent mille habitants, cet État emblématique d'une certaine Amérique, est aussi le moins peuplé des cinquante États de l'Union.

Pourquoi le Montana ? Dans la catégorie des rêves étranges, et dont on se souvient, celui-ci le laissa perplexe : New York. Ils marchaient, son père et lui (il devait avoir quinze ou seize ans) sur le trottoir de droite, qui longeait une rangée d'immeubles anciens, grisâtres, quoique de bonne apparence. Nulle trace de gratte-ciel, ni des taxis jaunes habituellement omniprésents, pas plus que de passants. La lumière était celle d'une fin d'après-midi. Il lui semble qu'ils cherchaient un logement. Bart lui disait : « Il faudrait que nous allions dans le Montana… si nous avons de l'argent : il y a de l'espace et l'air y est pur. » Son père, qu'il sentait bienveillant quoique absent, n'avait à aucun moment prononcé un seul mot. Un petit groupe de gamins, habillés d'une manière disparate, du style enfants des rues, les croisa en dansant et en chantant en espagnol : « *Queremos ir en un sitio donde no hay la berra negra* » (*Nous voulons aller dans un endroit où il n'y a pas la berra negra.*)

Il se réveilla en sursaut, en se demandant dans un de-mi-sommeil où il était, et sauta de son lit, réclamant à une tasse de café le retour à la réalité : N. Y. n'était pas N. Y. Les enfants chantaient en espagnol et il ne connaissait pas le mot « berra ». En consultant le dictionnaire, il découvrit que ce devait être « verra ». La *verra negra* signifiait donc « la truie noire », probablement une mauvaise prononciation du mot « perra », chienne ? Réminiscence des « gamines » qui terrorisaient Bogota et des chiens et cochons qu'il avait vus vagabonder dans nombre de quartiers pauvres, tant en Amérique latine que dans la Caraïbe ou en Asie ? « *Perra* » ne signifiait-il pas *une misère noire* ? Son père, décédé depuis plus de vingt ans, n'avait jamais été à N. Y., et il se demande ce qu'ils auraient pu y faire.

L'Amérique n'est pas un pays tendre. Leur petite-fille de onze ans, qu'ils avaient emmenée avec eux, fréquentait l'école publique. Un jour où sa grand-mère avait oublié de lui donner le dollar quotidien pour la cantine, l'entrée lui fut refusée et elle dut se passer du repas de midi, au prétexte que cela lui ap-prendrait à être responsable. Son épouse, qui avait sympathisé avec une des enseignantes qui parlait français, l'invita chez eux en France. Tout en la remerciant, elle lui expliqua qu'elle ne pouvait pas accepter. Les enseignants ne sont pas payés pendant les vacances, et elle devait travailler pour subvenir à ses besoins tout en vivant chez ses parents.

Quelle place la littérature américaine occupe-t-elle dans l'inconscient et l'identité nationale ? Les romans et les nou-velles de Jim Harrison, un de ses auteurs préférés, font parta-ger au lecteur son amour de la sensualité, en faisant évoluer ses personnages dans un monde naturel idéal, comme par exemple dans *Les Jeux de la nuit*, dont l'action se déroule précisément au Montana. Avec *La Demeure éternelle* de William Gay, dans la tradition du Southern Gothic initiée par Faulkner, on retrouve au Tennessee, ce vieux Sud des années quarante, « *ce coin d'Amérique hanté par la misère et la déchéance et dont les fautes, enfouies au fond des forêts, des marécages et des cabanes sordides sont quelques-unes des plus puissantes pages de la littérature nord-américaine.* »

Le feuilleton télé de Michael Mann *Miami Vice,* un modèle de regard historique et sociologique, considéré comme un événement national au milieu des années 1980, eut un énorme retentissement. Une « *guest-star* » différente figurait au générique de chaque épisode : Frank Zappa, Tina Turner, Phil Collins, j'en passe et des meilleures.

Des magazines comme *Newsweek, Business Week ou Times* en avaient fait leur première de couverture. À l'instar de *5.0.5 pour Hawaï,* ce feuilleton avait lancé le tourisme en Floride. Un épisode avait été tourné sur la plage bordant l'immeuble où ils habitaient à Key Biscayne.

Pour les tournages, les façades des immeubles Art Déco de South Beach avaient été repeintes en rose et bleu. Les agents Sonny Crockett et Ricardo Tubs, habillés avec élégance, roulaient en Ferrari.

Direction le Texas. Dans la même veine, *La Trilogie des confins* de Cormac Mac Carty, dont l'action se déroule entre le Nouveau Mexique, le Texas et le Mexique, « *monument dressé à une Amérique défunte* ». Aux États-Unis et au Mexique, il lui est arrivé de retrouver trace de cette Amérique.

Cet État occupe une position particulière dans l'esprit des gens, tant en Europe qu'en Amérique. L'élevage et le pétrole y sont les activités dominantes. Les Américains du Nord cultivent un préjugé discutable, à savoir que les Texans sont des gens « brut de décoffrage ».

Leur distributeur à Houston était la *Lone Star* pour mémoire : « l'Étoile Solitaire est l'emblème du Texas » qui après son changement de propriétaire devait devenir la *Penland*. Steve Massanow, son interlocuteur, l'avait invité dans un restaurant, en fait un club privé très exclusif au sommet d'un building. Lui désignant des clients un peu à l'écart, il lui confia : « Ces gens sont parmi les plus puissants du monde. Ce sont les dirigeants de Sept-Sœurs, les sept principales compagnies pétrolières. » Ses amis de Penland, qui allaient passer des vacances dans les Caraïbes, arrivés en début de matinée à l'aéroport de Miami, devaient y attendre une correspondance assez tardive. Invités à déjeuner chez lui, à Key Biscayne, il avait été les y accueillir et les avait ramenés en temps et en heure pour leur correspondance. À partir de ce jour, ils l'avaient affectueusement surnommé « The Crazy French Man », le Français dingue. Ils étaient toujours prêts à lui rendre service. Quand Rodolphe a eu besoin d'un importateur pour l'armagnac *De Loyac*, ils acceptèrent sans barguigner d'en prendre l'importation et la distribution en charge.

De nouveau à N. Y., profitant d'un rendez-vous à West Caldwell, dans le New Jersey, Rodolphe l'accompagna pour présenter son armagnac. La conduite dans N. Y. est facile, toutes les rues sont à angle droit et nombre d'elles à sens unique. C'est après le tunnel reliant la ville au New Jersey que tout se complique. Il faisait un temps gris, avec, s'il s'en souvient bien, quelques grains de neige. La société cible se trouvait dans une zone industrielle assez sinistre, peuplée de grues et de matériel abandonnés. Les cours étaient recouvertes de mâchefer noirâtre. L'ensemble faisait penser à certaines bandes dessinées avec ses usines désaffectées ; il ne manquait que les personnages inquiétants y rôdant. Ils s'étaient arrêtés à un bar – aussi triste d'aspect que l'environnement – pour demander leur chemin. Quelques clients stagnaient devant leur consommation dans une atmosphère enfumée. Grâce à leurs indications, ils purent rejoindre leur lieu de rendez-vous. Ils avaient deux heures de retard. La secrétaire n'en fut pas surprise : c'est toujours comme ça, tout le monde se perd, les rassura-t-elle.

Les avions sont des « cages de Faraday » propices à toutes sortes de situations : agréables, inquiétantes et même désagréables, ainsi qu'aux rencontres insolites. La cage de Faraday, comme chacun sait, isole et protège de la foudre. Par similitude, on peut imaginer que la cabine d'un avion assure une espèce de sécurité favorable aux conversations sans contrainte, presque des confidences. Quittant Paris pour N. Y., sur un vol de la TWA, une des meilleures compagnies, maintenant disparue, victime des dérégulations édictées par le président Reagan, le président lui dit : « Il y a un réacteur qui ne fonctionne pas. » Bart restait un peu sceptique. Quelques instants plus tard, le commandant de bord annonçait que nous retournions à Roissy. Il s'en était rendu compte en apercevant ledit moteur par le hublot. Toujours est-il qu'après un détour au-dessus de l'Atlantique pour se débarrasser du kérosène, car un avion ne peut pas atterrir avec le plein, ils revinrent au point de départ.

Des mécaniciens montèrent sur l'aile et ils les virent verser des bidons d'un lubrifiant. Ce point de détail laisse perplexe mon beau-frère Urbain, spécialiste de l'aviation. Problème dû à une défaillance du service d'entretien ? La suite du voyage se déroula sans encombre.

Début des années quatre-vingts, sur un vol à destination de N. Y., son voisin, au fil de la conversation, lui confia qu'il était avocat, et qu'il se rendait aux USA pour défendre la cause des Irlandais. Il ne souhaitait pas, lui dit-il en souriant, lui donner son nom, car il n'était pas autorisé à rentrer aux « States ». Ultérieurement, il le reconnut : c'était le *leader* des Républicains, maintenant membre du parlement irlandais, le Sinn Féin. Bien que tout le monde sache qui il est, il continue de respecter le pseudo-anonymat de Gerry. Le 10 avril 2013, à l'occasion de la mort de Margaret Thatcher, il apparut à la télévision. Il eut l'impression de voir un presque ami. Idem pour le colonel américain en mission de soutien aux « contras » dans un pays d'Amérique centrale, le Nicaragua pour ne rien cacher, personnage comme on en trouve dans les *James Bond*, à la différence qu'il n'éprouvait aucune sympathie pour lui.

À la même époque, il éprouva une légère appréhension lors de l'embarquement pour l'Amérique en s'apercevant qu'il avait pour compagnons de route vingt ministres africains qui se rendaient au Sommet de la francophonie à Haïti. L'idée qu'un tel rassemblement pouvait suggérer à un opposant de les envoyer *ad patres* en faisant exploser l'avion (une mode assez répandue durant cette décennie) le réjouissait modérément. Finalement tout se passa sans anicroche. Il eut une conversation intéressante avec un prêtre béninois. Ils correspondirent pendant un certain temps, puis ce dernier fut affecté au Vatican et ils finirent par perdre le contact.

En janvier 1981, une grève surprise avait bloqué à Roissy, dans la zone d'embarquement, après le contrôle des passeports, une dizaine de passagers et lui :

Des philippins, deux ou trois autres nationalités, dont un ingénieur égyptien pour cause de guerre au Moyen-Orient, et un couple d'Argentins âgés, le mari avouant quatre-vingts ans. Personne ne parlait français. Air France offrait le repas, mais il était le seul à être autorisé à se rendre au restaurant, peut-être parce que les autres étaient en correspondance. Bart prit sur lui d'aller voir le chef de la sécurité et réussit à négocier la permission, pour les personnes de ce groupe dont il était devenu *de facto* le *leader*, de sortir de la zone sous douane et d'aller se restaurer. Tous, sauf le pauvre ingénieur égyptien qui ne fut pas autorisé à sortir et auquel il fit porter un plateau. Ils restèrent immobilisés douze heures. L'Argentin Mario Italo Gaspar, orthopédiste en retraite, venait de Moscou lesté de lourds appareils et poursuivait sa route pour visiter le Machu Picchu.

Au cours de leur conversation, il lui demanda s'il connaissait le livre de José Hernandez, Martin Fierro, *La Légende du « gaucho »,* et lui promit de le lui envoyer. Il l'avait oublié, lorsque six mois plus tard il en reçut un bel exemplaire relié en cuir, transmis par sa fille employée à l'ambassade d'Argentine à Paris.

La première fois qu'il prit le Concorde, il attendait seul depuis un bon moment dans la salle d'embarquement à N. Y., lorsqu'un pilote qui traversait cet espace s'arrêta devant lui et lança :

– Que faites-vous là ? – Il n'est plus sûr qu'il n'ait dit, sur un ton amical : qu'est-ce que vous foutez là ?

– J'attends mon vol pour Paris.

– En quelle classe êtes-vous ?

– En classe affaires.

– Je suis le commandant de bord du Concorde. Si vous voulez payer la différence entre la classe affaires et la première classe, je vous emmène. Nous partons dans vingt minutes. Sitôt dit, sitôt fait, moins de quatre heures après il débarquait à Paris.

Le coût d'une première classe classique était largement inférieur à celui d'une place dans le Concorde. En dépit de l'accident qui a mis définitivement fin à sa carrière, cet avion a conservé sa réputation mythique. Une technologie d'avant-garde, le prix du billet, ainsi que sa capacité réduite à quatre-vingt-dix sièges : produit inaccessible au grand nombre, s'étaient combinés pour projeter une image élitiste. Outre le gain de temps, voir le Machmètre se ruer, de seconde en seconde vers le Mach 2200, tel un avion de chasse de la dernière génération, et sentir la formidable poussée qui le propulsait très au-dessus de la limite des avions classiques à 30 000 mètres, est une expérience aussi grisante qu'inoubliable. Il ne parle évidemment pas du Dom Pérignon millésimé qui était proposé dès que l'appareil avait décollé.

Canada, Amérique latine, Caraïbes. Le Canada, marché important, l'occupait un mois par an. L'importation et la vente de vins et spiritueux était un monopole d'État. Chaque province (il y en avait quinze) disposait de sa commission de liqueurs, qu'il visitait au moins une fois l'an : commission des liqueurs au Québec-Liquor, Control-Board dans les autres provinces. L'énoncé de celles-ci sonne comme une comptine : Québec-Ontario-Île du Prince Edward-Alberta-Manitoba-Saskatchewan-Colombie britannique-Territoires du Nord, Terre-Neuve, Territoires du Yukon et du Nord-Ouest, Nova Scottia, Brunswick.

Chaque province canadienne était source d'une aventure ou d'une anecdote, qui pour la plupart constituaient un bon souvenir, sauf au Manitoba où une voiture folle vint percuter le minibus qui faisait la liaison entre l'aéroport et l'hôtel. La voiture qui les avait violemment percutés par l'arrière alla s'encastrer dans un arbre et le conducteur fut tué. Son attaché-case, qu'il avait calé derrière ses jambes, le heurta si fort qu'il craignit, sur le coup, une fracture en raison d'une forte douleur. Il n'en fut rien, cependant la douleur et un gros hématome le gênèrent pendant plusieurs jours.

Les présidents des Liquor-Boards des territoires du Nord-Ouest et du Yukon, où se situe le Klondike – célèbre pour la ruée sur l'or qui avait attiré des aventuriers du monde entier –, présents au congrès des présidents, l'avaient invité à leur rendre visite. Un de ses regrets (il en comptabilise pas mal dans tous les domaines) est de ne pas avoir pris le temps d'honorer cette invitation. Ces contrées mythiques, très peu peuplées, ont un parfum d'aventure et l'accueil y est réputé chaleureux.

Ses interlocuteurs de Schenley Inc., de Montréal (devenus United Distillers), qui les représentaient, par ailleurs producteurs de whisky canadien, participaient à la Convention WSWA (Wine and Spirits Wholesalers of America) à Reno. Il y retrouva Éric Bouffard, né à l'Île de la Madeleine. En dépit de son nom bordelais, il devait avoir un peu de sang indien, étant le seul que les moustiques et une espèce de mouche minuscule qui vous arrachait une parcelle de peau en vous attaquant, ne piquaient pas lorsque nous allions pêcher dans les lacs au nord des Laurentides. Les Indiens appelaient cet insecte « see me not ». Traduction : tu ne me vois pas ; quant au nom usuel ou scientifique, il l'ignore. Deux années de suite, ils l'avaient invité à quelques jours de pêche à quelque cinq heures de route de Montréal, précisément à Chute St-Philippe, comté Labelle, chez « Territoire Jodoin, chasse et pêche ». Fred Sonheman et Eddie Mariner dont il se sentait le plus proche, ainsi que M. Marentette, J. Fitzgerald et Éric Bouffard, faisaient partie de l'expédition. Fred, qui était allemand, avait beaucoup voyagé. Il avait dirigé un hôtel aux Bermudes. Quant à Eddie, il était né aux Bahamas d'un père officier de l'Armée des Indes. La première année, ils avaient obtenu la loge de la gouverneur général du Canada. « La », car c'était une femme d'origine haïtienne. C'était du grand confort. La fois suivante, seule la loge beaucoup plus spartiate du gardien était disponible. Le générateur électrique faisait des caprices, moyennant quoi la douche chaude se transformait brusquement en douche écossaise. Cela ne les gênait pas outre mesure ; n'étaient-ils pas là pour le sport ? L'ambiance était joyeuse et « le boire et le manger » abondants. Eddie, grâce à ses bonnes relations avec le commissaire aux Inuits, nous avait fait goûter au renne en marinade. Remarque : lotions après-rasage interdites. Cela attire les moustiques !

Tous les matins, dans une légère brume, un grand cerf à la ramure impressionnante se tenait immobile à une centaine de mètres, sur une pointe qui avançait au bord du lac face à notre hébergement. La nuit les ours, dans le fracas des couvercles des poubelles qui volaient, venaient en faire l'inventaire. Quand ce n'était pas les ours, c'étaient les ratons laveurs, les « *racoons* », qui menaient la sarabande. Ils avaient instruction, au cas où une ourse avec ses petits ferait son apparition, de lui lancer les poissons qu'ils auraient pêchés et de se replier le plus vite possible. Une mère ourse avec des petits charge immédiatement et elle est capable d'une vitesse insoupçonnable. Le propriétaire de la pourvoirie, se déplaçant en quad, poursuivi par une ourse, en fit l'expérience. Certains lacs où ils taquinaient la truite sont le résultat des barrages érigés par les castors. Un soir, trois renardeaux vinrent flairer leurs chaussures sans crainte. Fred lui a raconté qu'une fois il avait acquis très cher, cinq mille dollars, un permis de chasse à l'ours. Lorsqu'il avait eu l'animal au bout de sa carabine, un gigantesque grizzly, il avait préféré ne pas le tirer, perdant ainsi la peau et la tête naturalisées, trophée dont il rêvait depuis longtemps. Très respectueux de la nature, il ne le regrettait pas.

L'Île-du-Prince-Édouard, traditionnelle et accueillante, loin du tourbillon des régions industrialisées, s'inscrit comme un autre de ses bons souvenirs. Le président du Liquor Board, à qui il avait demandé l'adresse d'un bon endroit pour déguster une langouste, lui répondit : « Je vous invite à dîner et je vous demanderai un service. Prochainement, je vais présider une réunion de tous les présidents des commissions des liqueurs que j'accueille à Charlottetown ; or je ne parle que l'anglais, et je voudrais pourtant prononcer quelques mots de bienvenue en français. Après souper, si vous le voulez bien, vous m'enregistrerez quelques petites phrases que j'apprendrai par cœur. » Il accepta de bon cœur cette honnête proposition. Il l'emmena près de la côte, dans un restaurant très authentique, reflet de l'esprit de l'île, avec seulement quelques tables en bois massif où la patronne, qui assurait elle-même le service, leur apporta en entrée des « *cherry stone clams* », petites palourdes qui dans ces mers froides ont tout simplement le goût de violette. Elle les fit suivre d'une langouste grandiose, dont ils ne purent venir à bout. La langouste et la culture de la pomme de terre sont les points forts de cette province.

Alberta : brutale transition. À Edmonton vous entrez dans un autre monde. Cette province est un gros producteur de pétrole, les derricks et les balanciers des puits hérissent le paysage. Le développement de l'extraction du pétrole des sables bitumineux, relativement récent, ne peut qu'entraîner une aggravation de la pollution. Schenley, par amitié, avait accepté de représenter la marque d'armagnac De Loyac, qu'il avait créée avec Rodolphe et qu'il commercialisait. Elle était présente dans les principales provinces. En descendant de l'avion à Edmonton, le soleil brillait et la température était d'environ vingt degrés. Ils étaient en costume, tout heureux de trouver des conditions climatiques aussi agréables qu'imprévues au début du printemps.

Le *Four Seasons* leur avait attribué des chambres nonfumeur, vierges de tabac, où il fallait s'engager à ne pas fumer. Le lendemain, après un solide petit déjeuner composé de « lox », saumon fumé et œufs brouillés, ils sortirent pour respirer l'air frais avant de rejoindre l'exposition Viva 86 où ils avaient un stand commun sous l'égide de leur représentant et du Liquor Control Board. Un vent glacial, descendant directement du pôle Nord, le long des Rocheuses, les figea sur place. Le thermomètre était tombé à moins huit degrés. Ils se précipitèrent dans leurs chambres pour récupérer leurs manteaux avant de prendre le taxi pour rejoindre leur stand. Là, le succès aidant, leur stock, tant pour le cognac X.O que pour l'armagnac 1966, fut épuisé. Arriva un groupe de garçons, déçus ne pas pouvoir obtenir ces produits plutôt exceptionnels. Ils leur expliquèrent qu'ils allaient bientôt être réapprovisionnés par le Monopole. C'étaient des costauds, en T-shirts marqués « Oilers », indifférents à la température. Ils étaient plus que probablement membres de l'équipe de hockey sur glace, sport national canadien. En nous montrant leurs muscles et en riant ils nous dirent : « regardez-nous, nous reviendrons. » Ils revinrent, et dans cette ambiance très conviviale ils purent leur faire déguster ces alcools exceptionnels, à l'instar de leur prix fixé par le Monopole qui était loin d'être un cadeau.

Miami était, comme il l'a déjà souligné, un point stratégique pour visiter les marchés qu'il couvrait. L'animation de ces derniers l'amenait à de nombreux déplacements : Canada,

USA et Mexique pour ce qui est de l'Amérique du Nord, ainsi que l'arc caraïbe : Porto Rico, Trinidad & Tobago, Curaçao, les Antilles françaises, les Bahamas, les Îles Vierges, et les petites îles. Les Bermudes, le Costa Rica, Panama, et plus au sud la Colombie et le Venezuela. Il n'était pas toujours facile d'établir un programme cohérent.

Bart avait été admis aux USA au titre d'entrepreneur avec un visa « *Treaty Trader* », c'est-à-dire investisseur, comme déjà indiqué. Celui-ci arrivant à expiration, il en sollicita le renouvellement. L'officier du service de l'immigration auquel il s'adressa lui conseilla d'aller passer la journée aux toutes proches Bahamas, et qu'à son retour le visa lui serait automatiquement renouvelé. Ce sympathique conseil, qu'il s'empressa de suivre, lui évitait des formalités longues et fastidieuses. Faisant d'une pierre deux coups, il passa la journée à Nassau avec leur distributeur.

Qui ne connaît la légende du pirate Barbe Noire « Black Beard » (ne serait-ce que par les films et les bandes dessinées qui lui ont été consacrées) ? Son repaire aux Bahamas a donné naissance au célèbre restaurant, le *Black Beard Castle*. Le jeu aux USA est limité à quelques localités précises au New Jersey et au Nevada. Le casino de Freeport, de grand standing, attire la foule des touristes américains, joueurs frustrés, convoyés par les bateaux de croisière au départ de Miami. L'article d'un hebdo, consacré à Scott Fitzgerald et intitulé « Spécial Gatsby » situe à Huntington dans le Connecticut l'Okeda Castle, maintenant un hôtel, la résidence que fit édifier le banquier Otto Hermann Kahn, et dont Orson Welles se serait inspiré pour le « Xanadu » de *Citizen Kane*. Le véritable « *Xanadu* », lui aussi devenu un hôtel qui a conservé son décor art moderne où il lui est arrivé de coucher, se trouve en réalité aux

Bahamas, à Nassau. Howard Hugues le fit construire pour lui, mais n'y mit jamais les pieds. Le génial créateur de la Pan Am l'avait probablement oublié entre-temps.

C'est avec un brin d'émotion qu'il atterrit à Hamilton, lors de sa première visite aux Bermudes, se souvenant que de nombreuses années auparavant, exportateur débutant, il y avait obtenu son premier succès commercial. St-George exhibe toujours, face au minuscule premier parlement, le pilori qui exposait les coupables à la raillerie où à la vindicte populaire. Dans la baie, un fort bouillonnement indiquait que les requins étaient en chasse.

Lors de la visite d'une minuscule chapelle avec le président, construite en sédiments de corail, le gardien à qui ils avaient donné un pourboire les entraîna sous un arbre dont il cueillit une fève qu'il leur donna en disant : « *It is a luck bean* », la fève de la chance. Curieusement sur la plage à Key Biscaïne on trouvait de grosses fèves en forme de cœur provenant de la forêt tropicale, elles aussi désignées comme « *luck beans* », charriées par le Gulf Stream, et seulement sur cette plage.

Compte tenu de l'exiguïté du territoire, une seule voiture est autorisée par famille. La tenue habituelle des Bermudiens est le short, le bermuda de couleur vive (vert, jaune, bleu marine ou rose) et la veste de couleur opposée, ainsi que des chaussettes montantes blanches. Bart n'a pas résisté à la tentation d'en rapporter un.

Début des années quatre-vingts, Michael Robinson, directeur général de Cosmopolitan Liquors qui les représentait, passionné de navigation, voulait acquérir un *33 pied Bénéteau*. Tout naturellement, il lui facilita le contact. Après être devenu propriétaire de cette unité, il souhaita devenir le représentant importateur pour ce constructeur. Bénéteau lui donna son accord sous réserve qu'il acquière trois bateaux. Il ne fit ni une, ni deux, il commanda deux autres unités qui furent vendues avant d'arriver à Hamilton. C'est ainsi qu'il devint agent exclusif pour ce chantier vendéen, comme chacun sait. Lorsqu'il lui rendait visite, il n'avait pas à se soucier de l'hébergement : il le logeait au *Royal Yacht Club*. Par contre si le président l'accompagnait, il leur choisissait un très bel hôtel sur une petite colline, dans un parc très soigné, de style très anglais, où des jardiniers s'affairaient en permanence. Seuls bénéficiaires des permis de séjour accordés aux étrangers !

Santo Domingo, République dominicaine, était partie intégrante de son périple, deux ou trois fois par an. Lors d'un de ses voyages, sur le vol de la Prinair, de San Juan, Puerto Rico à Ste-Lucie et ainsi de suite, fut marqué par un incident qui aurait pu mettre fin à sa carrière. Ce vol faisait la navette (quelque vingt vols par jour) entre les îles de la Caraïbe, avec des petits quadrimoteurs canadiens. Pour ce vol, l'appareil décolla sur trois moteurs. Il apprit qu'au retour, cet avion avait pris feu à l'atterrissage. À partir de ce jour, la Prinair fut interdite de vol.

Bien après leur retour en France, ils y étaient retournés en vacances. Deux jours au *Sheraton* avaient suffi pour montrer à son épouse la vieille ville, la citadelle, la maison de Christophe Colomb et le « mercado-modelo », centre artisanal qui après un incendie avait beaucoup perdu de son authenticité. Connaissant les lieux, il était monté à la galerie, chez les tailleurs d'ambre, pour en acheter quelques morceaux avec des inclusions d'insectes fossiles.

La propriétaire d'un stand, Mme Colon, c'est son nom, même si cela paraît incroyable, lui fit cadeau d'une « guagua », taxi collectif en terre cuite reproduisant exactement, en couleur, celles qui circulent à la campagne. Les passagers s'y entassent avec poulets et cabas sur le toit. L'ambre provient de la bien nommée « Costa del Ambar ». On le trouve en plongeant, et même sur la plage. Le corail noir est une autre curiosité de cette zone du Caraïbe.

Ils avaient décidé de faire le tour de l'île en voiture. Le loueur leur conseilla d'oublier les règles françaises et d'adopter le style de conduite locale, autrement dit de suivre les conseils de Philippe, le fils de Jean II, à son père à la bataille de Poitiers en 1356 : « *Gardez-vous à droite père, gardez-vous à gauche.* » Gros problème : une tempête tropicale avait touché le nord du pays, et l'hôtel où ils avaient réservé était sous deux mètres d'eau. Ils finirent par trouver un hébergement dans un hôtel-restaurant tenu par des Canadiens qui s'avéra une remarquable surprise, tant par lui-même que par sa cuisine. Le lendemain le soleil brillait et ils purent continuer leur périple : San Juan au nord, Boca Chica au sud – la plus grande piscine du Caraïbe, grâce à la barrière corallienne qui encercle la plage et à la faible profondeur de la mer. Les Dominicains vous montrent volontiers une plante carnivore baptisée vivi mori, dont il ignore le nom botanique. Le mot « *vivi* » fait s'ouvrir cette fleur, « *mori* » se refermer. N'oublions pas la proximité d'Haïti et ses rites vaudous. Vaudou en Haïti, candomblé au Brésil et santeria à Cuba. Ici comme à Miami, il n'est pas rare de trouver des poulets égorgés sur la plage. Soyons honnête ! En réalité c'est le mouvement de la main qui la fait réagir. Cette fleur carnivore ne pourrait-elle pas symboliser la résilience ?

Les vacances ne sont qu'une parenthèse. La République du

Panama, comme au reste la Colombie, faisait partie de son itinéraire habituel. Trait d'union entre deux mondes bornés par deux villes distantes de quatre-vingt-dix kilomètres, chacune à une extrémité du canal : Colon, baignant dans le vert du Pacifique et Panama City, dans le bleu de l'Atlantique. À deux reprises il lui a été donné de vérifier cette particularité géographique, avec en prime le franchissement de l'écluse Mira Flor par le *Queen Elizabeth II* tracté par de puissants engins – opération délicate, car les berges n'étaient qu'à quelques centimètres de la coque. La première fois au volant d'une Ford Mustang, pour honorer un rendez-vous avec la Japan (Panama) Ocean Supply, leur client, un avitailleur qui approvisionnait la flotte de pêche japonaise à l'escale de Colon. Plus de cent bateaux usines. La seconde dans l'avion de Bruce Motta qui lui fit survoler le canal. Il ne se souvient pas si la piste d'atterrissage lui appartenait. Bruce passait pour être le propriétaire de l'immense zone commerciale, dans la zone franche. Il était simple, avenant et ne se vantait jamais. Ce n'était pas un aérodrome au sens propre du terme. Toujours est-il que lorsque l'avion s'est posé, il eut le privilège, vision fugace, d'apercevoir un jaguar qui s'enfuyait dans la forêt toute proche. Il y repense souvent en voyant la tête de jaguar sculptée accrochée dans sa bibliothèque, que sa petite-fille Pénélope lui a offerte au retour d'un voyage au Guatemala.

La Colombie, où ses activités le conduisaient régulièrement, n'était qu'à « quelques pas ». Lors d'un séjour à Bogota, en arrivant au *Tequendama*, son hôtel, il dut, chose inhabituelle, montrer son passeport au soldat en armes à l'entrée, qui, après s'être assuré qu'il y avait une réservation, le laissa y pénétrer. Le président du Brésil y séjournait. Il aperçut Son Excellence dans le hall, escorté par une douzaine de soldats en grand uniforme, sabre au clair. Heureusement, Bart évacua les lieux assez rapidement, ce qui le rendit libre de sortir et de rentrer à sa guise. Bien que sans commune mesure avec ce qu'elle est devenue au fil des années, la Colombie n'était pas particulièrement sûre.

Ses interlocuteurs colombiens, que ce soit Alejandro Vargas, son père et son frère ou Alberto Motta – qui au reste n'avait aucun lien de parenté avec Bruce – le prétendaient. Grâce aux relations de la famille Vargas, il put visiter le musée de l'Or, qui contient tous les trésors archéologiques, dont une reproduction en or de la fameuse barque du « El Dorado » qui était envoyée au fond d'un lac à l'occasion de cérémonies propitiatoires. Contrairement à ce que croyaient les « *conquistadores* » espagnols, El Dorado n'était pas un pays, mais un cacique qui était recouvert de feuilles d'or à l'occasion de ces cérémonies. Le musée était fermé par une porte blindée similaire à celle des coffres des banques et gardé par des soldats en armes.

Pour aller du *Tequendama* au bureau d'Alberto Motta, qui exploitait le Duty Free Shop de l'aéroport, à quelque cinq cents mètres, il devait traverser un pont. Il décida de ne pas attendre qu'il vienne le chercher et entreprit d'y aller à pied.

Le voyant arriver, il fut horrifié. Normalement, il aurait dû être agressé par les « gamines » et se retrouver nu et sans chaussures. Bien sûr au retour, il le fit reconduire en voiture. Un autre danger guette les étrangers qui se laissent tenter par l'acquisition d'émeraudes à la sauvette : soit de se faire « fourguer » une fausse pierre sans valeur, soit de se faire proprement détrousser.

Voyant sortir d'une école à Bogota une cohorte de petits garçons de petite taille, cheveux noirs, yeux bridés, avec une frange au ras du front, portant tous à l'identique une chemisette blanche et un pantalon court bleu marine, il s'enquit auprès d'Alejandro : « Comment se fait-il qu'il y ait autant de Japonais ici ? » Il me regarda, surpris et amusé : « Mais ce sont des petits Colombiens pur sucre ! »

Sur la foi des renseignements fournis par l'agence de voyages, prétendant que le visa n'était pas exigible, il prit l'avion sans autre forme de procès pour l'Île de San Andrés. À l'aéroport, il débarqua sans problème. Les ennuis ne faisaient que commencer. Tous les hôtels refusaient de lui louer une chambre, le prenant pour un « gringo », sans compter l'énorme fréquentation de l'île. Il offrit le prix fort sans succès. Les Sud-Américains, qui y venaient faire leurs achats hors taxe, s'entassaient à quatre ou cinq dans une chambre, ce qui était plus rémunérateur. Il s'imaginait déjà passant la nuit sur la plage, avec son « *garnment bag* » : housse de voyage, bagage typiquement américain, comme oreiller. Pas de panique, cette île n'est pas dangereuse, et le climat clément. Le voyant en peine, une famille colombienne lui proposa de partager leur chambre, avant d'obtenir, sur leur énergique intervention, que l'hôtelier accepte de lui donner une chambre en demi-pension. Il soupa sur place, d'une excellente soupe et d'un ragoût non moins délicieux qu'il supposait être du veau. Le lendemain, la spécialité de l'île étant la soupe de tortue, il en commanda une dans un restaurant en ville. On lui servit la même chose. Comme il faisait remarquer au garçon qu'il avait commandé une soupe de tortue, celui-ci s'exclama : « *hombre, eso es la sopa de tortuga* », c'est ça la soupe de tortue. Il lui en vanta les vertus, qui étaient nombreuses. Vint l'heure du départ. Au contrôle, l'officier de l'immigration l'informa le plus sérieusement du monde qu'il ne pouvait pas embarquer faute de visa. Après quelques minutes de discussion et de réflexion, il décida de l'inscrire en correspondance « *en transito* », en lui expliquant qu'on n'aurait pas dû l'admettre et que lui-même risquait des ennuis en raison de son admission illégale. Cette solution les arrangeait tous les deux. « *Adios Colombia* » !

Le monde est petit. À une table à l'hôtel *Martinez* à Cannes, réunissant pour un déjeuner amical une dizaine de convives participant au Duty Free Symposium, il avait pour voisin Alberto Motta, qu'il avait connu à Bogota. Quant au maître d'hôtel, il arborait sur son badge un nom qui lui était familier ; c'était celui du directeur de la Ruche picarde, une très puissante chaîne de super et d'hypermarchés, qu'il rencontrait lorsqu'il avait des responsabilités à la brasserie à Lille. Il lui en fit la remarque, en précisant que celui qu'il avait connu à Amiens sifflotait en permanence. Son visage s'éclaira d'un sourire : « C'est mon père. Il vient de partir à la retraite. » Comme Bart l'avait souligné lors de sa rencontre avec Heather à N. Y., il avait un don pour les rencontres improbables. Deux coïncidences de cette sorte dans la même journée ne se reproduisent probablement pas deux fois au cours d'une vie.

Retour par le Venezuela où un de ses interlocuteurs à Caracas, le colonel Antonio Ramirez, qui n'était plus dans « l'active », faisait des achats pour le cercle des officiers. Il lui fit visiter sa maison, qui comportait une grande véranda, on pourrait dire une serre, où il cultivait des orchidées. Ils rendirent visite aux responsables du mess des officiers, qui leur réservèrent le meilleur accueil. Ils s'approvisionnaient en cognac X.O.

Le deuxième soir, le colonel, qu'ils avaient reçu plusieurs fois à Cognac en compagnie de Jorge Garrido dont il était très proche et avec lequel il faisait des affaires, les invita à souper. Il voulut leur faire connaître une spécialité locale, la soupe de chipi-chipi à base de minuscules escargots blancs, dont l'origine, qu'il suppose maritime, est présumée aphrodisiaque, comme chez nous l'huître ou le caviar. Après souper, il les raccompagna à l'hôtel, le *Tamanaco*, où ils étaient hébergés. Ils descendirent au bar pour un dernier verre. La lumière était tamisée et l'atmosphère légèrement enfumée, en dépit de la climatisation. Une jeune femme de type espagnol, plutôt belle, avec un teint de pêche comme nombre de Vénézuéliennes, était perchée sur un haut tabouret au bar. La salle était pleine : quelques couples occupaient des fauteuils. La plupart des autres consommateurs étaient des hommes seuls, allemands ou américains, hommes d'affaires et surtout ingénieurs pétroliers, ainsi que des Sud-Américains, Argentins et Brésiliens. Il y régnait une ambiance tropicale et une tension presque palpable, les uns comme les autres fascinés par cette femme, comme si elle était la seule femme au monde. Notre cognac bu, après avoir échangé quelques idées et banalités, nous quittâmes la scène tous les trois, sans attendre le dénouement de la pièce.

Son cousin germain, Vincens Vila, aujourd'hui décédé, qui habitait à Maracaibo (ville connue pour ses marécages, l'exploitation du pétrole et pour son côté pionnier) lui avait dit que sa femme, qui était blonde, avait dû se faire teindre en brune pour diminuer le risque d'agression. Il y exploitait une station-service pour les engins de chantier où il débitait des quantités astronomiques d'huile et de carburant. Dans cette région, une montagne riche en minerais de toutes sortes est la cible de la foudre d'une manière quasi permanente. Au fil des fluctuations politiques du pays, il fut exproprié et retourna en Espagne, où le gouvernement vénézuélien lui servit une rente mensuelle. Après qu'on lui eut rendu son entreprise suite à un changement de gouvernement, il revint au Venezuela, où ses six enfants ont fait carrière.

La route de l'aéroport de Maiquetia, à peu ou prou vingt kilomètres de Caracas, était jalonnée de soldats incroyablement jeunes, lourdement armés. On lui expliqua que c'étaient les élèves de l'école militaire. Sur le parcours, quelques femmes qui s'arrêtaient pour une raison ou une autre descendaient de leur voiture, la machette à la main. Cela a dû changer maintenant, bien que l'évolution de ce pays permette d'en douter. Lors de son retour à l'aéroport, le taxi qui l''y conduisait avait stoppé derrière une file de voitures qui s'étaient arrêtées pour regarder un camion-citerne plein d'essence, sur la voie opposée, dont un pneu était en feu. Il dit au chauffeur que c'était dangereux et qu'une explosion, qui nous pulvériserait, pouvait se produire à tout moment. Baissant la vitre, il se pencha pour répercuter sa mise en garde. À son grand soulagement, la file de voitures s'ébranla alors dans un crissement de pneus.

À l'aéroport, l'officier de l'immigration, avisant son inséparable couteau de poche, le fameux « Buck » acheté à Cape Cod, lui expliqua qu'il ne pouvait pas le garder et qu'il devait le saisir. Bart argumenta fermement en lui exposant qu'il avait fait pratiquement le tour du monde avec, sans problème, et qu'il lui serait douloureux de s'en séparer. Il finit par accepter de lui le laisser : « *Vd. es un caballero quede se con el, buen viaje !* »

Son plan de voyage incluait Port of Spain, capitale de Trinidad, et Tobago, morceau de l'Amazonie détaché du continent, à quelque quarante kilomètres du Venezuela, même si ce pays ne fait pas partie de ses préférés. Cent quarante ethnies, dont les descendants des Chinois et des Indiens venus remplacer les esclaves comme « *indent labour* », s'y côtoient et y ont prospéré. Ce fut encore le cas cette fois.

Le chauffeur de taxi qui l'avait pris en charge à l'aéroport était un « sikh » enturbanné. Le Carnaval de Trinidad est mondialement réputé. Les Trinidiens sont les inventeurs des « *steel bands* », orchestres de fûts de pétrole martelés et accordés. Ces groupes sont capables d'interpréter de la musique folklorique aussi bien que de la musique classique. Au bar de l'hôtel, il avait lié conversation avec un couple de Vénézuéliens, tous deux députés. Le piquant de l'histoire est qu'ils appartenaient à deux partis opposés. Comme ça, lui dirent-ils, l'un de nous deux conservera son poste dans tous les cas.

Mexico n'était qu'à deux heures de vol de Miami. Il y visitait une ou deux fois l'an Victor Domenech « *Cavas de San Juan* », leur importateur, par ailleurs propriétaire de vignobles à San Juan. Cette facilité de communication les invitait à y retourner en vacances. Que ce soit à Cancun ou à Mexico, il y avait mille choses à découvrir : El Zocalo, la place de la magnifique cathédrale baroque où les « péons » à la recherche de travail attendaient qu'on les embauche, accroupis avec une pancarte devant eux, et les « marias » indiennes de la campagne de très petite taille, vendant des cigarettes à la pièce.

La vieille ville et la place Santo Domingo, où des rangées d'écrivains publics attendent sous les arcades avec leur machines à rédiger à la demande une lettre ou un document (l'illettrisme ayant beaucoup reculé en trente-cinq ans, leur activité s'est réduite dans les mêmes proportions) et en périphérie le marché en plein air, où les Indiens vendaient toutes sortes de médecines : serpents macérant dans l'alcool, plantes et racines diverses. Sans oublier le monument emblématique du « Chapulin », l'interminable Avenida de la Reforma qui mène au très remarquable musée ethnologique, remarquable presque autant par son architecture que par les pièces qu'il abrite, en particulier le stupéfiant calendrier aztèque. Celui-ci, une énorme roue en pierre de vingt-cinq tonnes, prédit (en langage binaire dont la transposition sur ordinateur était en cours) la fin du monde par la faim et le feu. Les décorations pectorales aztèques évoquent des circuits intégrés, et les pièces décoratives à l'extérieur ressemblent à s'y méprendre à des tuyères de fusée. Cela a servi de prétexte à des bandes dessinées imaginant une lointaine présence d'extraterrestres. Étape obligée : les colossales pyramides du Soleil et de Lune à Teotihuacan, où il était recommandé de se rendre en groupe, par le car affrété par l'hôtel, pour des raisons de sécurité.

En deux circonstances il eut peur :

– La première fois lorsqu'à minuit un incendie se déclara au dixième étage du *Sheraton*. Les grandes baies de la façade explosaient et s'effondraient sur les parterres de l'entrée. Il se demande ce qui était le plus dangereux, l'incendie ou la cohue dans les escaliers, tous les clients se précipitant ensemble dans les escaliers en pyjama, par une température tout sauf agréable. Depuis ce jour, seul ou avec son épouse, il ne descend plus qu'au *Campo Real*, qui culmine à quatre étages.

– La seconde fois, il voulut malencontreusement montrer à son épouse, le soir après souper, la place Garibaldi où se réunissent les mariachis en mal d'engagement. Peu après leur arrivée, ils s'étaient rendu compte que plusieurs individus à l'allure douteuse les observaient et commençaient à se rapprocher ; il ne tarda pas à comprendre qu'il était urgent de déguerpir. Ils sautèrent dans le taxi le plus proche pour rentrer à l'hôtel. Francisco Domenech, à qui il contait leur aventure le lendemain, le sermonna amicalement : cet endroit est dangereux la nuit, vous auriez dû m'en parler. Il nous invita le soir suivant dans un restaurant réputé, *La Hacienda de los Morales*. À l'origine, c'était un immense et authentique domaine.

Lors d'une de ses visites, sachant que La Barbade faisait partie de son itinéraire, Victor Domenech, son père, d'origine catalane comme lui, avec lequel il entretenait une relation d'amitié, lui demanda de déposer pour son compte un chèque dans une banque de cette île. Bart ne se posa pas de questions, pas plus qu'il ne lui en posa. De la même manière, il renouvelait régulièrement pour lui son abonnement au *Paysan français*.

Otard possédait en Argentine un partenariat avec Cinzano, la Société Otard Dupuy, qui produisait et commercialisait avec succès le brandy du même nom. Le président lui avait souvent dit qu'il l'y emmènerait, bien que Bart n'ait aucune responsabilité dans cette affaire. Il était de bonne foi, cependant ce projet ne se concrétisa jamais. Si cela avait été le cas, c'eût été une bonne occasion de rendre visite à son cousin germain Miguel Vila Angelo, qui exploite un supermarché à Buenos Aires.

Vision d'avenir ou prémonition ? Sa belle-mère, née en 1897 et décédée en 1992, lui avait dit il y a longtemps, elle devait avoir quatre-vingt-cinq ans : « Nous allons revenir au temps des seigneurs et des serfs. » Pour la rassurer et parce qu'il le pensait sincèrement, il lui répondit que tout avait tellement changé que cela lui paraissait impossible. Il se trompait. La différence est qu'il n'y a pas réellement de serfs, mais des gens pauvres et des chômeurs, et que les seigneurs ont été remplacés par les marchés, auxquels on fait porter le chapeau, même s'ils n'ont pas de tête. Pour faire simple disons, la finance mondialisée, qualifiée « d'investisseurs », et les banquiers. Il faut souligner qu'elle n'avait lu ni *Le Meilleur des mondes* ni *1984*, et encore moins *La Petite Histoire de l'avenir* que Jacques Attali a écrit quinze ans après son décès. À peu près au même moment, la revue américaine *Fortune* affirmait en première de couverture : « *America has entered into the Casino Society* » : L'Amérique est entrée dans l'ère de la société casino. » L'argent n'allait plus à l'investissement et à la production de biens, mais s'autoreproduisait en alimentant la spéculation financière.

Par ailleurs, les théories de Milton Friedman et des « *Chicago boys* », la « *supply side theory* », voulaient que le supplément d'activité dû à la baisse des impôts et aux privatisations liées à une réduction de la dépense publique – dont on sait quels ont été les résultats – se traduise par une augmentation sensible des rentrées fiscales au profit du budget de l'État. La théorie du ruissellement, ces préconisations, la doxa néolibérale furent mises en œuvre par le premier ministre Thatcher en Grande-Bretagne et par le président Reagan aux USA, avec un succès fort discutable. La situation dont elle avait la prescience est en train de se réaliser, à l'occasion d'une crise bancaire, économique et sociale qui ressemble à celle de 1929 et qui finit par atteindre les États eux-mêmes. Il semblerait qu'en cette fin 2017, la France soit malheureusement en train d'appliquer cette recette.

Le XXIe siècle, qui a pratiquement commencé avec la crise, n'a pas fini de nous étonner. 2013, année de surprises :

– Premier événement en janvier. À la demande du Mali, la France déploie son armée pour repousser les islamistes, qui étaient sur le point d'étendre leur emprise sur la partie sud du pays, après avoir semé la terreur et les destructions dans le Nord.

– Deuxième événement, à la mi-février le pape Benoît XVI annonce sa démission pour raisons de fatigue et de santé déclinante.

Une telle démission n'avait pas été enregistrée depuis plus de six cents ans. C'est un acte courageux qui évitera à la papauté le triste spectacle de la longue agonie de ses prédécesseurs, Jean XXIII et Jean-Paul II. Cette démission devint effective le 28 février. Avec une célérité assez peu habituelle, le 13 mars « *habemus papam* », le successeur, le pape François, est élu.

– Troisième coup de tonnerre : mise en examen de l'ancien président de la République suivie d'un non-lieu discuté, et successivement de deux ministres des Finances appartenant respectivement à la majorité et à l'opposition, à quelques mois de distance. Les uns comme les autres n'en ont pas fini avec les ennuis judiciaires. Il pourrait ajouter plusieurs autres personnalités politiques mises en cause, mais cela suffit comme ça. Qui peut imaginer ce que le proche avenir nous réserve ?

Ce siècle à ses débuts, le terrorise par sa violence, de même que la crise de 1929 avait fini par avoir les conséquences qu'il évoque au début de cet ouvrage.

Celle de 2008, qui s'éternise, lui semble lourde de menaces, ici et ailleurs. Est-ce un effet de son âge ? Un monde se meurt, alors que celui qui lui succèdera n'est ni conçu, ni même réellement imaginé.

Après son retour des USA et la double suppression de son poste en Amérique et à Cognac, il avait pris la direction du Conseil interprofessionnel des vins de la région de Bergerac (C.I.V.R.B), ce qui les avait conduits à habiter dans cette ville, sans pour autant se séparer de leur maison en Charente-Maritime. Le nomadisme n'était pas un problème pour eux. Durant ce séjour, il eut le plaisir de coopérer avec Bernard Ginestet pour la rédaction de son livre *Bergerac-Monbazillac*, dans la collection « Le Grand Bernard des vins de France », signé par ce dernier et Jean-Pierre Déroudille. Cette coopération l'avait remis en relation avec Bernard Ginestet, avec lequel il avait envisagé une collaboration, restée sans suite, dans le cadre de ses vignobles et de son activité de négoce de très nombreuses années auparavant. Le monde des vins et spiritueux est petit, on y retrouve souvent les mêmes acteurs. Quant à Jean-Pierre Déroudille, il l'avait interviewé pour le journal *Sud-Ouest* lors de son entrée en fonction au C.I.R.V.B. et l'avait revu à diverses occasions.

Divers articles sous sa plume continuent de paraître dans ce journal. Leur photo figure sur la jaquette de ce volume publié en 1987. S'il les rencontrait dans la rue, l'un comme l'autre, il est probable qu'il ne les reconnaîtrait pas, pas plus qu'ils ne le reconnaîtraient, lui.

Cette activité le fit renouer avec les voyages internationaux. C'est ainsi qu'ils avaient, son épouse et lui, participé à un souper masqué dans le musée de Mme Tussaud à Londres, avec pour voisin de table un Winston Churchill en cire… « *of course* » ! et diverses manifestations à Francfort et Montréal où il avait revu ses amis É. Bouffart et M. Marentette.

Tokyo, Singapour, Hong Kong, Séoul. Nouvelle problématique. Pour diverses raisons, il quitta ce poste assez rapidement, pour ressusciter en la recapitalisant la Sarl G.C.A, *Générale Commerciale d'Aquitaine*, qu'avec ses associés ils avaient mise en sommeil, tout en conservant la propriété de la marque d'armagnac De Loyac – consécutivement à la perte des marchés américains et canadiens, où leurs distributeurs avaient été rachetés. Comme il l'a déjà mentionné, la période était à la concentration des sociétés au sein de grands groupes, en France comme à l'étranger. Ne disposant pas des énormes budgets publicitaires nécessaires pour exister sur ces marchés, ils avaient renoncé à y revenir.

Par ailleurs, Rodolphe, avec qui et pour qui ils avaient créé la G.C.A, était parti à Paris, où il occupe un poste de responsabilité à TV5 Monde.

Au départ, Bart avait craint de ne pas savoir s'adapter à l'idiosyncrasie et aux traditions japonaises. C'était une erreur. Une des interprètes que l'ambassade de France avait déléguée, moyennant rétribution, auprès des commerciaux en voyage d'affaires (il était exclu de se débrouiller seul), lui avait confié : « Vous avez de la chance, car contrairement aux Français en général, vous êtes bien perçu par mes compatriotes. »

Illustration de cette appréciation, il avait obtenu sans difficulté pour leur importateur I.W.A, par une sorte de miracle, un rendez-vous avec le directeur des achats de SOGO, une chaîne majeure, alors que ses interlocuteurs japonais n'avaient jamais pu en obtenir un. Cette introduction leur permit de conclure des affaires fructueuses.

Le Japon fut le premier marché où il réussit à exporter leurs armagnacs millésimés, le XO Extra Old dans la carafe prince de style Louis Philippe, présentée en coffret bois. Le tremblement de terre de Kōbe, qui avait provoqué la mort de cinquante mille personnes, déstabilisa sérieusement l'activité de leur importateur basé à Osaka, dont les entrepôts furent gravement endommagés, ce qui obéra leurs ventes. Qui plus est, le piratage de leur présentation par un brandy bon marché avait nui au prestige de leur marque. Parallèlement, il avait néanmoins développé un intéressant marché en France.

Plus tard, alors qu'il n'avait plus d'activité commerciale, il rencontra le directeur d'IWA, M. Hiro Ohashi, au détour d'une allée à Vinexpo à Bordeaux. (Il continuait de recevoir des invitations et de fréquenter cette exposition pour le plaisir.) Il le salua avec une chaleur exceptionnelle de la part d'un Japonais, en expliquant à son adjoint : « c'est Bart qui nous a introduits chez SOGO. »

À Tokyo, l'assistante commerciale que l'ambassade de France avait sélectionnée pour l'accompagner était une personne particulièrement qualifiée. Elle avait fait des études en France et en Italie et son père, un diplomate, avait été en poste à Paris et à Rome. Dans les entreprises japonaises importantes, les rendez-vous commencent par le rituel de la tasse de thé vert. Après vous être entretenu successivement avec plusieurs collaborateurs, peut-être le jour suivant, vous pouviez être reçu par le directeur général par exemple. Au reste, il arrive qu'il ne s'adresse pas à vous directement, mais à l'accompagnatrice japonaise, même s'il parle parfaitement l'anglais ou même le français.

Cette personne à qui vous aviez expliqué l'objet de votre démarche, le défendra très efficacement. Il suppose que c'est ce que les Français acceptent difficilement. Par ailleurs, il pense que ce qui les énerve, c'est qu'il ne faut pas s'attendre à ressortir d'un entretien avec une réponse, qu'elle soit positive ou négative. Celle-ci, quelle qu'elle soit, viendra plus tard.

L'assistante commerciale attachée au P.E.E. à Osaka, Keiko
– dont à l'évidence ce n'est pas le vrai nom – l'avait accompagné chez un prospect à Nara. Au retour, après le train et le
métro, en début de soirée, c'était un vendredi, à la mi-juin,
il proposa :

– Voulez-vous que nous marchions un peu ? Elle approuva :

– J'aime marcher avec vous, il fait si beau...

Chemin faisant, elle lui parla du tremblement de terre
qui avait partiellement endommagé son logement et des problèmes que cela lui posait. Elle était habillée d'un ensemble
jaune parsemé de feuilles de bambou peu seyant, qui ne la
mettait pas en valeur, et portait un petit bagage, car elle ne
rentrait chez elle qu'en fin de semaine. Curieusement, assez
grande et mince, elle n'était pas très typée japonais, en dehors
de ses yeux légèrement bridés :

– Ça me ferait plaisir de vous retenir à souper, avança-t-il.

Sans trop hésiter, elle accepta : – Je connais un petit restaurant typiquement japonais. Si vous voulez, nous pourrions
y aller. Comme dans tout établissement traditionnel de ce
genre, ils ne servent plus après neuf heures.

Après souper, ils étaient devenus un peu complices, très détendus. Pour Bart, l'empathie était une seconde nature. Sans
arrière-pensée, sensible à ses problèmes, d'autant plus qu'elle
habitait à quelque quarante kilomètres, à Kyoto, et qu'elle
devait reprendre le train, n'ignorant cependant pas qu'en Asie
il est important de ne pas perdre la face, il lui dit qu'en tout
bien tout honneur, car il savait se conduire en « gentleman »,
elle pouvait partager sa chambre. Il était hébergé au *Nankay
South Tower Hotel* :

– Bien, dit-elle, merci, je vais rester avec vous.

Incidemment dans les années quatre-vingt-dix, au Japon,

les femmes ayant passé la trentaine, avaient peu de chances de trouver un mari. Celles nées dans les zones touchées par les bombes atomiques américaines, Hiroshima et Nagasaki, n'en avaient aucune, les Japonais craignant les conséquences génétiques de ces explosions.

Avec De Loyac il fut convié à plusieurs missions organisées par la Chambre de commerce régionale de la Haute-Garonne à Hong Kong et Singapour, qui n'étaient pas réellement des marchés par eux-mêmes, mais la porte d'entrée pour la Chine, ainsi qu'à Taïwan et en Corée du Sud. Les deux premiers, de ce fait, ne pouvaient être intéressés que par quelques grandes marques de cognac. L'efficacité de ces voyages, soutenus financièrement par la région, est assez discutable. Singapour, ville-État, est gérée d'une main de fer. Le moindre papier jeté au sol vous vaut une amende. La route conduisant à l'aéroport est bordée de deux rangées de rosiers. Il n'y a pas grand-chose à en dire, si ce n'est que c'est une place financière de premier plan, une Suisse asiatique, en somme. Le *Rafles Hotel* est l'étape inévitable pour y déguster un « *sting* », cocktail inventé par les officiers anglais de l'armée des Indes, et y retrouver un peu de cette ambiance. Somerset Maugham y aurait puisé une partie de son inspiration pour sa peinture de la société anglaise dans les anciennes colonies. Sur le vieux port, il est amusant de souper à l'extérieur, sur le quai, où nombre de restaurants sont alignés, chacun vous apportant le plat choisi…

Un détour par la Corée, à Séoul. Le conseiller commercial responsable du P.E.E auprès de l'ambassade de France était M. Yassine Amraoui, un jeune homme particulièrement avenant et compétent, avec lequel il avait sympathisé et qu'il salue ici, si un jour cet ouvrage tombe entre ses mains. Arrivé en Corée en tant que coopérant, il avait appris le coréen qu'il maîtrisait parfaitement, et de ce fait était devenu incontournable. Ils avaient déjeuné dans un petit restaurant traditionnel en centre-ville. Il n'y avait pas de table : on y consommait au comptoir, sur de hauts tabourets, comme souvent en Asie. Un client, archétype de l'homme d'affaires ou du haut fonctionnaire, en occupait un. On prit leur commande. Ce monsieur s'enquit en anglais de sa nationalité et ils échangèrent quelques propos en attendant d'être servis. Les plats arrivèrent. Il lui demanda s'il connaissait le « *kimchee* », spécialité nationale, à base de chou macéré dans une jarre, à l'aune duquel on juge, paraît-il, la qualité d'une maîtresse de maison. Devant sa réponse négative, il lui dit qu'il devait absolument le goûter, et d'office mit la moitié de son plat dans son assiette. Il l'en remercia. À sa courte honte, il doit avouer qu'il n'en a pas gardé un souvenir impérissable.

Ce micro-restaurant était tenu par une mère et sa fille, et ce monsieur le fréquentait pour la qualité de leur cuisine et encore plus, peut-être, pour la proximité de son bureau.

Dans un autre restaurant plus huppé, Bart choisit le menu « Gengis Khan ». Chaque table était dotée en son centre d'un grill où le serveur – il allait dire « l'officiant » – déposait les copieux morceaux de viande et les servait dans votre assiette lorsqu'il les jugeait à point. Il le prévint : « la sauce est *hot* » – chaude, c'est-à-dire piquante, ajoutant en jouant sur les mots : comme les femmes coréennes. » Assertion non vérifiée.

Au long de ses voyages il avait rassemblé nombre d'objets qui ont fini par faire une collection cosmopolite, que l'on retrouve dans la vitrine du salon, son petit musée.

– Le revolver de type « demoiselle » 1830 déniché à la braderie de Lille.

– « Buck ». Le premier, un couteau de poche, souvenir de vacances à Cape Cod, acheté dans un but utilitaire, sans projet de collection.

– Le deuxième « Buck », reproduction du couteau de la conquête de l'Ouest, très puissant, lui aussi pliant, avec le manche en ébène, acheté à « Frisco ». Il n'est plus fabriqué depuis des années, et de ce fait il est devenu lui aussi une pièce rare. Une quinzaine de couteaux, œuvres d'artisans de toutes origines, les ont rejoints, dont le « *nec plus ultra* », un magnifique couteau traditionnel, avec son étui en peau de nandu, autruche argentine – compagnon inséparable du « Gaucho » argentin – cadeau de son cousin Miguel lors de sa récente visite en France.

Dans le change qu'on lui avait rendu lors d'un achat à Weston, Missouri, où il visitait la Mc Cormick Distillers Co., il avait découvert une pièce de dix cents très usée, avec sur l'avers une tête de Sioux, sur le revers un bison ; c'était une pièce de l'État indien de l'Ohio. Bien que très rare, elle a toujours cours légal. Le dollar en argent de 1971, « *uncirculated* » sous blister, à l'effigie d'Eisenhower qui y figure, qui ferait saliver bien des numismates maintenant, provient de leur premier voyage en Amérique. Il l'avait acheté à Boston, à la Bank of Boston. Ce fut le début d'une collection qu'il a alimentée en se procurant auprès de la banque centrale de chaque pays visité une pièce en argent sous capsule.

Quiconque observerait son petit musée y discernerait un certain éclectisme et un goût aristotélicien pour la dialectique. Sans aucune connotation religieuse y figurent trois bouddhas :

– le Bouddha de la joie, en « *hardwood* » rapporté de Shaolin.

Il provoque un sentiment d'euphorie seulement en le regardant.

– le Bouddha de la richesse, en jade provenant de Chian Mai en Thaïlande.

– le Bouddha de la sérénité en ébène, cadeau de Rodolphe au retour de Ceylan :

Méditation et mystère.

– un « Komboloï », vieux rosaire grec en ambre, acquis à Héraklion en Crète.

– un collier « vaudou » en corail noir avec une figurine, sorte de totem avec des pierres vertes en guise d'yeux. Acheté à un Haïtien à St-Domingue : diabolique.

– un chandelier à sept branches miniature – Origine inconnue.

– un chapelet ancien acheté aux enchères à Bergerac, pour six francs, six sous.

– une statuette de la Vierge noire de Montserrat.

Le jour où il sortit son Buck de sa poche à Houston pour ouvrir un paquet, les Texans avec lesquels il préparait une exposition se sont exclamés : « Whaou ! c'est un vrai méricain ! » Les Charentais auraient pu dire la même chose, car, peut-être en raison du caractère rural de cette région, tout un chacun, y compris son président en son temps, traîne un canif, aussi petit soit-il, dans sa poche.

Confirmation de l'hypothèse qu'il énonce en tête du paragraphe « petit musée », il y a très longtemps, il avait été subjugué par la hauteur d'esprit et la merveilleuse qualité d'expression de feu le révérend père Arrupé, général des Jésuites, lors d'une conférence donnée en espagnol, langue qui se prête tout particulièrement à cet exercice. Les Jésuites ne passent-ils pas pour être les champions de la dialectique ?

Vacances, mot magique. À partir de leur départ pour Lille, tous les ans leur organisation donnait lieu à des discussions de type onusien. Hormis une visite aux grands-parents, la mer était le choix de base, que ce soit près de chez eux à St-George de Didonne, par exemple, ou dans une autre région. Avant, c'est l'Espagne qui les accueillait. Suite à une première expérience, la Bretagne, à laquelle leurs filles reprochaient une mer trop froide, fut proscrite. Pour sa part, il serait bien retourné dans le Morbihan qui peut s'enorgueillir de paysages magnifiques, que ce soit les landes de bruyère ou la baie de Port-Louis. En visitant le musée de la Marine, installé dans le fort de l'Aigle, il avait suscité la réprobation du conservateur en attribuant sa construction à Vauban. Selon lui, ce sont les Espagnols qui l'avaient bâti au XVe siècle et Vauban s'en serait inspiré pour ses ouvrages. En quelque sorte, il traitait Vauban de « petit copieur ». Ce fort comporte une « échauguette » à chaque coin. Une sentinelle était postée dans chacune. De poste à poste, à tour de rôle, à intervalles réguliers, elle criait : « Soldat es-tu là ? » À défaut de réponse, celui-ci recevait un coup de mousquet.

La Méditerranée était donc retenue comme destination première. Celle-ci fixée, il fallait conjuguer la location et un mouillage pour leur petit voilier. Cela leur valut d'occuper des appartements successivement à Collioure et au Lavandou. Le voilier trouvait sa place, selon les disponibilités, à Collioure, au Lavandou, à Bormes-les-Mimosas ou à Cavalaire. Au Lavandou, l'appartement appartenait au petit-neveu de Cézanne. Il était décoré de tableaux et la vaisselle, quant à elle, était d'une qualité supérieure à celle fournie dans les locations de vacances. C'était une personne d'une grande élégance. Dans une soupière ébréchée, une note prévenait : « Ne vous inquiétez pas, c'est moi qui ai abîmé cette soupière. » Inutile de dire qu'ils avaient traité l'appartement et son contenu avec grand soin.

Une fois, entre le Lavandou et la Fourmigue, ils voguaient sans souci, par un vent léger et un cap bien établi, lorsque soudain, à une cinquantaine de mètres, peut-être plus, surgit un nageur qui partit au crawl. Très vite, ils comprirent que ce n'était pas un nageur qui fonçait sur eux. Trop gros. Sa fille Anne et l'amie hollandaise qui l'accompagnait plongèrent dans la cabine, imaginant que ce pouvait être un requin. *A priori*, compte tenu de la nage et de l'aileron triangulaire, ce ne devait pas être un dauphin ; ce pouvait être un orque. Même si c'est une option dérisoire, il avait saisi une gaffe pour le repousser. Arrivé presque au bord du bateau, il fit un angle droit et fila au large, non sans provoquer un fort remous. Les pêcheurs consultés à notre retour émirent l'hypothèse qu'il devait s'agir d'un marsouin d'esprit joueur, attiré par la couleur rouge de la coque. Ils ajoutèrent, peut-être avec un peu de malice : « Il aurait pu passer sous votre bateau et vous retourner. » À Cavalaire, une autre fois, moteur coupé comme il se doit, un peu en difficulté parmi les baigneurs, une naïade athlétique, poitrine nue, lui dit de lui envoyer un « un bout ». Elle s'en saisit et l'amena en nageant énergiquement jusqu'au ponton, ce qui leur permit d'accoster sans accrochage. Elle repartit sans autre forme de procès, au revoir et merci. Ce furent les dernières vacances en Méditerranée. Il vendit le bateau avant de quitter Paris et de revenir à Cognac.

Au reste les enfants, qui avaient grandi, préféraient être autonomes et partir seuls. Leur style de vacances en avait été changé. Ils avaient eu la chance de visiter de nombreux pays, tant en Amérique que, après leur retour, en Europe et en Asie : Corse, Malte, Sardaigne, Crète, Tunisie et, trois années de suite, la Thaïlande. Sans compter l'Espagne, qui leur est familière et géographiquement proche. Certains leur ont laissé un souvenir plus vivace que d'autres, et éventuellement ils y sont retournés. Plages, Préhistoire, Antiquité, Histoire réunissent la Sardaigne, Malte et la Crète.

L'Espagne n'est qu'à trois heures de route de chez eux, et il parle espagnol. Outre la visite à leurs cousins à Barcelone, les escapades sont faciles à organiser. La dernière les a conduits au Cabo Finisterre en Galice, « *Finis Terrae* », ainsi nommé par les Romains. On ne peut pas aller plus loin. Leur chemin passait par « Carrion de los Condes » qui a pour particularité d'être le point de départ du roman d'Almudena Grandes, *Le Cœur glacé*, qui retrace, à travers le destin de deux familles, l'une franquiste, l'autre républicaine, l'histoire de l'Espagne de 1936 à nos jours, à jamais marquée par la guerre civile. Les souvenirs de Bart, dans le cadre historique dans lequel il situe son vécu en 1939 offrent des similitudes avec ceux évoqués dans l'ouvrage d'Almudena Grandes, avec la différence que la sienne a pour origine géographique la Catalogne. Dans cette ville, ils ont fait étape à *l'Hotel Real Monasterio San Zoilo* restauré, maintenant propriété privée, enchâssé dans un magnifique parc. Cet ancien monastère a conservé son caractère authentique, d'une grande beauté. Le premier document qui en fait mention date de 948.

Mario Vargas LLosa dit de cet auteur : « *Almudena Grandes est l'une des plus grands écrivains de notre temps. Son dernier roman,* Le Cœur glacé, *ambitieux, profond et passionnant, en est une nouvelle preuve.* »

Le trio des grandes îles de la Méditerranée. Antiquité et mythologie obligent. La Crète pourrait représenter un concentré de la Grèce, terre de légende et de civilisation, comme l'attestent les ruines du palais du roi Minos à Cnossos, témoin de la splendeur de la civilisation minoenne. Zeus y aurait été élevé par les nymphes, allaité au lait de chèvre. La Crète a été le théâtre de quelques-uns de ses exploits. Se métamorphosant en taureau blanc, il enleva Europe sur son dos et, lui faisant traverser la mer, la déposa sur le rivage. Là, ayant repris forme humaine, il s'unit à elle. Il a une certaine tendresse pour Zeus, roi des dieux, sans dogme lui semble-t-il, avec les qualités et les défauts des humains au centuple. C'est pourquoi il a été tenté de placer cet ouvrage sous son patronage, préférant en fin de compte le remplacer par Chronos, le dieu du Temps.

La Préhistoire et l'Histoire figurent à Malte en bonne place parmi les attraits de cette île. L'hôtel où ils résidaient s'appelait *Le Dolmen*, en référence au site archéologique où il est bâti. Les premiers Grecs la nommaient « île du miel » et elle était « Melita » pour les Romains. Pour Homère, c'était le roc issu du stratagème de Calypso pour retenir Ulysse prisonnier. Résidence forcée et dionysiaque pour le captif de l'envoûtante nymphe. Il est hasardeux d'évaluer la réalité des efforts de ce dernier pour s'en évader. Dans cette île, il existe une grotte entre mer et sable blond, où les jours de grand vent on entend la longue plainte de la nymphe.

Embarquant pour Gozo, il aperçut au milieu de l'immense parking vide, une femme seule qui lui parut grande, la poitrine en avant, la tête haute, vêtue d'une robe ample blanche, qui traversait cet espace d'un pas vif, la chevelure flottant au vent de sa marche. La pensée l'effleura qu'elle avait quelque chose de Calypso.

Vestige des liens qui reliaient les peuples de la Méditerranée à Sliema ou Marsaxlokk, ports de pêche qui conservent leurs traditions ancestrales, les barques continuent d'arborer l'œil d'Horus, que les Phéniciens peignaient à la proue de leurs embarcations pour se protéger des maléfices de la mer.

Maltese, 1904-1925. En novembre 2011 le magazine *Geo,* dont le sérieux est avéré, édite un numéro spécial : « *Le monde extraordinaire de Corto Maltese* » avec une carte fictive retraçant son itinéraire au fil des albums. Hugo Pratt, décédé à soixante-huit ans en 1995, a fortement marqué l'histoire de la bande dessinée. Si Bart s'y réfère, c'est qu'après avoir reçu son premier album en cadeau lors de sa parution, dans les années 1970, il a réuni, album après album, l'intégrale de son œuvre, et que nombre de pays qu'il a visités ont été le théâtre des aventures de son célèbre héros, inspirées par des événements et des personnages réels ou historiques.

Qu'y a-t-il de commun entre une aquarelle, un hôtel en Thaïlande, une rue aux Îles Vierges, et une escale à Hong Kong ?

– L'aquarelle qui est accrochée dans la salle d'attente du docteur S… représente Raspoutine, l'âme damnée de Corto Maltese.

– Une rue Lokäart à Charlotte-Amélie, capitale des Îles Vierges USA, du nom d'un personnage clef de l'album *Sous le soleil du Capricorne.*

– L'hôtel *Corto Maltese* à Chawen, sur l'Île de Samui, où en avril 2003 ils avaient rejoint leur fille Anne, qui y séjournait.

– Hong Kong (Tien Tsin) en relation avec l'album *Corto Maltese en Sibérie.*

Le hasard : sa fille Véronique, qui lui avait offert un T-shirt à l'effigie de Corto Maltese, lui fit découvrir en la personne de Bruno Lugon, apiculteur, un autre admirateur de l'œuvre d'Hugo Pratt.

La Sardaigne revendique mille huit cents kilomètres de plage. C'est suffisant pour justifier un séjour balnéaire. Du point de vue touristique, les vestiges de la Préhistoire, rappel des populations de l'âge de bronze, (XVIe siècle avant J.-C.) retiennent particulièrement l'attention, ainsi le « Complesso Nuragico di Romansezu ». Ce village était un lieu cultuel où on célébrait annuellement la fête de l'Eau, cérémonie de purification par immersion dans une fontaine dédiée à ce rite.

Fantômes et fantasmes. Comme il y a eu la controverse de Valladolid, ils ont eu la controverse de Jonzac. Sa fille Anne et sa mère avaient lu un peu rapidement une plaque face à l'église St-Gervais qui leur avait donné à penser que Charlemagne (qui avait effectivement guerroyé dans les parages) y était enseveli. Il avait émis de forts doutes, sachant que l'empereur avait été enterré à Aix-la-Chapelle. Il est exact que sur le parvis de cette église, les archéologues avaient mis au jour un cimetière mérovingien des VIe et VIIe siècles contenant cent trente-neuf squelettes. Ces tombes sont maintenant matérialisées par des plaques métalliques au sol de la taille de celles-ci. Un déplacement express à Jonzac, distant d'une vingtaine de kilomètres de leur domicile, permit de constater en lisant attentivement cette plaque, qu'il était dit : « Charlemagne, enseveli à Saint-Anthême en l'église St-Gervais près de l'autel, très profondément dans la pierre brute ». Ainsi écrivait au début du XIIIe siècle l'auteur de la chronique saintongeaise, évoquant la présence à Jonzac, sur la colline de Mont-Guimar, de la sépulture de saint Anthême, chapelain de Charlemagne. Il y relate les aventures de l'empereur carolingien confronté au roi sarrasin lors de combats épiques en Saintonge. Ce récit largement imaginaire, puisque écrit quatre siècles après la mort de Charlemagne, attribue à Jonzac un épisode marquant d'un passé prestigieux. De la légende à l'Histoire, il n'y a parfois qu'un pas, et même plusieurs. Controverse close.

Un rêve, un vrai rêve, celui qui surgit au milieu de la nuit, peut-il donner naissance à une œuvre d'art ? Oui, à condition de connaître un artiste pour le concrétiser. Sa petitefille Adèle, qui avait fait Boulle, Duperré et Arts appliqués à Bruxelles était toute désignée.

De sa chambre, bizarrement, comme s'il était à l'extérieur, Bart voyait clairement une silhouette encapuchonnée, couverte d'un vêtement marron lui tombant jusqu'aux pieds, telle une cape ou une robe de moine, qui attendait, immobile devant la porte, légèrement décalée vers la moulure du chambranle. Il n'en éprouvait aucune crainte, ni émotion. Il s'en souvient bien, cela le réveilla. Sur la base de cette description et d'un croquis sommaire, il demanda à Adèle :

« Veux-tu me peindre une aquarelle, dans le style d'Hugo Pratt ?

– D'accord. Je t'en ferai plutôt une gravure. » Heureuse initiative, comme on peut le constater par ailleurs.

IV

Quatrième saison de Bart. C'est l'entrée dans l'hiver. Le soleil brille, le ciel est moins lumineux, la température a nettement baissé. Nostalgie ; il n'est plus de mise de lézarder sous la pergola. Il a mis à l'abri « Hercule », le robot-tondeuse, jusqu'aux beaux jours. Deux jardiniers se partagent la préparation du jardin pour l'année suivante :

– L'un a débarrassé le terrain d'une montagne de feuilles mortes et mis les parterres en état.

– L'autre, plus spécialisé, quelques jours plus tard s'affaire à tailler les arbustes et les haies. Il l'observe depuis la grande baie du salon. Comme à l'accoutumée, comme il habite assez loin, ils le retiendront à déjeuner.

La demeure dont il avait fait l'acquisition il y a presque quarante ans, « la plus belle maison du village » selon le maire, fait l'objet de tous ses soins : Bart s'amuse en disant que c'est sa danseuse – en référence aux mœurs de ces messieurs de la IIIe République – et de ce qu'elle lui coûte, abrite leur vieillesse, mais bruit souvent de la présence de leur famille. Ils ne s'y sentent jamais seuls : elle accueille régulièrement, ensemble ou d'une manière aléatoire, les quatre générations qui les suivent, entre quinze et dix-huit adultes, enfants et bébés. Le dernier Noël a réuni quinze d'entre eux.

Le cerisier, un scion de quelques centimètres de diamètre qu'il avait planté il y a trente-cinq ans, devenu un arbre qui en faisait quinze fois plus, est mort il y a trois ans. Transformé en très belles planches, sans un nœud, maintenant sèches, qui vont donner naissance à un petit meuble, dont par parenthèse il n'a pas besoin. Il en fera cadeau à un de ses petits-enfants. Symbolique du destin, cet arbre aurait aussi bien pu finir en bois de chauffage. Cette métamorphose n'est possible qu'en basse province, et il remercie pour leur amicale complicité le jardinier grimpeur qui l'a abattu et ébranché, puis transporté le tronc chez un scieur de ses relations et lui a rapporté les planches, et finalement le menuisier qui les a rabotées, poncées, et reprises pour la fabrication du petit meuble.

Quatre-vingt-quatre ans se sont écoulés. Bart ne plantera plus d'arbres, même s'il se sent en état de le faire. Chronos poursuit inexorablement sa ronde.

Crédits et remerciements

L. Palacio, avec l'aimable autorisation du *Monde in Le Monde* du 28/03/2009 pour son article sur les camps d'Argelès et de Gurs, où ont atterri les réfugiés espagnols en février 1939. Postface.

Alain Léger *in Les Indésirables – L'histoire oubliée des Espagnols en pays charentais*, p. 137-139.

M. Lacour-Miron – il a lui-même vécu le drame de l'exil – pour son amicale contribution, dont l'érudition, la connaissance de l'Histoire et de l'histoire locale apportent un éclairage particulier sur cette période 1936-1945.

Aux critiques littéraires pour leur participation involontaire :

Alain Léaithie *in Marianne*, 2017.

Christophe Mercier *in Le Point* pour son avis sur les écrivains du « Vieux Sud », p. 34.

Vladimir de Gmeline *in Marianne,* 2017.

Tom Wolf, « Caractérisation » *in Bloody Miami*, p. 36.

Mario Vargas Llosa pour son hommage à Almudena Grandes, *Le Cœur glacé*, p. 57.

Ressources

1. Authentifiés par l'Archivo Historico Nacional et Nobiliari General Catala, et « *els linatges Catalan* » : les lignages catalans dont le fief se trouvait à Petra, non loin de Manacor.

TABLE DES MATIÈRES

Méditation : Le temps qui passe – Enfance   5

Adolescence   27

Le fil rouge – Vie active   37

Vieillesse – Fin du voyage   130

Crédits et remerciements   133

Ressources   134